앨버트로스
노재성 기장의 하늘과 삶

한마음문화사

앨버트로스 노재성 기장의 하늘과 삶

- 초판 인쇄 ▮ 2025년 10월 20일
- 초판 발행 ▮ 2025년 10월 31일

저자 박순자 (안젤라), 작가 김춘석 (마르코)

- 펴낸이・편집자 ▮ 김춘석 (마르코)
- 그림・디자인   ▮ 노현경 (엘리사벳)
- 펴낸곳 ▮ 한마음문화사(서울 노원구 공릉로 351)
  010-8877-7670 / 팩스 (02) 974-0159
  e-mail : cskimtrs@daum.net
  홈페이지 : www.hanmaumbook.kr

- 등록번호 ▮ 217-90-89166
- 등록일자 ▮ 2009년 12월 9일.

- 표지그림 ▮ <앨버트로스> 노현경, 2025, 캔버스 유화 4F

- 저작권자 ▮ ⓒ 2025 박순자, 김춘석
  이 책의 저작권은 저자와 작가에게 있으며, 출판사의 허락 없이 어떤 형태로든 복제, 저장, 전송할 수 없습니다.

책값 15,000원
ISBN 978-89-963636-5-1 (03800)

책머리에

　이 책은 저와 63년을 함께 살아온 남편, 노재성 기장의 삶을 기억하기 위한 회고록입니다. 그는 제가 가장 사랑하고, 또 존경했던 사람이었으며, 지금도 여전히 그리움 속에서 제 마음속에 살아 있습니다.

　3년 전 무덥던 여름, 제 곁을 떠나 하늘나라로 비상한 그를 떠올리며, 아내로서 그의 삶을 조금이나마 남기고 싶다는 마음 하나로 이 글을 쓰기 시작했습니다.

　나는 이제 구십을 바라보는 나이에, 오래된 기억을 하나하나 더듬어가며 남편의 삶을 손으로 한 자 한 자 적어가는 일은 쉽지 않았습니다. 때로는 흐릿해진 장면 앞에서 마음만 앞서고, 어떤 순간은 도리어 생생하게 떠올라 가슴을 저리게 하기도 했습니다.

　남편의 삶을 회고하다 보니, 자연스레 제 유년 시절도 떠올랐습니다. 지금 생각해 보면 남편과 함께한 시간은 물론이고, 그를 만나기 전의 나, 그리고 그가 떠난 후의 나 역시 이 이야기의 일부라는 생각이 듭니다.

그래서 이 책은 단지 한 남자의 생애만을 기록한 것이 아니라, 선남선녀가 만나 함께 살아낸 인생의 기록, 우리 둘의 이야기라 해도 지나치지 않을 것입니다.

노재성 기장은 공군 장교로 20년, 대한항공 기장으로 21년, VIP 조종사로 30여 년을 하늘 위에서 살아낸 사람입니다. 늘 책임감이 강하고, 말보다는 행동으로 가정을 지키고 국가에 헌신했던 그 사람의 뒷모습은 지금도 제 마음에 또렷이 남아 있습니다.

그는 묵묵히 조종석에 앉아 나라의 안보를 지키고, 가족의 생계를 책임졌으며, 말없이 감당해야 할 사명의 무게를 품은 사람이었습니다.

책을 쓰는 과정에서 남편의 삶을 돌아보는 일은 제게 큰 위안이 되기도 했고, 깊은 감동으로 다가오기도 했습니다.

그리고 무엇보다도, 이 회고록이 세상에 나올 수 있도록 귀한 수고를 아끼지 않으신 한마음문화사의 김춘석 마르코 대표님께 깊은 감사의 마음을 전합니다. 그는 남편의 군 복무와 대한항공 재직 시절을 비롯한 전 생애의 기록을 찾아 국방부 군사편찬연구소, 국가기록원, 보훈처,

대한항공, 국립중앙도서관 등 여러 기관을 직접 발로 뛰며 자료를 수집하고, 그 방대한 기록을 하나하나 고증하여 정리했습니다. 또한 제가 손 글씨로 남긴 기억을 소중히 다듬고, 부족한 문장을 따뜻하게 매만져 한 권의 책으로 엮어주셨습니다.

돌이켜보면 이 책은 단지 한 조종사의 개인적 회고를 넘어서, 전쟁과 혼란의 시대를 묵묵히 살아낸 한 세대의 이야기이며, 한 가정을 책임진 가장이자 조국의 하늘을 지킨 조종사의 삶을 기록한 작지만 의미 있는 역사입니다. 아울러 무엇보다, 부부로서 함께 살아온 두 사람의 생애를 아울러 담은 기억의 기록이기도 합니다.

끝으로 손자들과 앞으로 태어날 많은 후손에게 훌륭한 조상이 있다는 것을 기억해 주길 바라면서, 제 남편 노재성 기장의 삶이, 이 땅의 하늘을 지킨 모든 이들의 삶과 함께 오랫동안 기억되기를 간절히 소망합니다.

2025년 8월 하계동에서
박순자 안젤라

책을 펴내며

　한 사람의 인생을 한 권의 책으로 담는다는 일은, 때로는 아주 조심스럽고도 경건한 작업이 된다. 특히 그 삶이 하늘을 누비며 국가에 헌신하고, 가정에서는 묵묵한 남편이자 아버지로 살아온 인물이라면 더욱 그러하다.

　故 노재성 (안드레아) 기장님의 회고록은 단순한 개인의 기록을 넘어, 전쟁과 냉전의 격동기를 지나 이 땅의 하늘을 지키고, 그 하늘 아래 가정을 일구며 살아온 한 세대의 자취를 고스란히 담고 있다. 이 기록이 오롯이 남게 된 데에는, 남편을 향한 한결같은 사랑과 존경으로 지난 기억을 다시 꺼내어 써 내려가신 박순자 (안젤라) 여사님의 깊은 헌신이 있었기에 가능했다.

　이 원고를 접하며 처음에는 서툰 손 글씨가 잘 판독되지 않거나 낯선 지명과 이해되지 않는 부분들을 안젤라 어머니께 하나하나 여쭈어 가며 글을 엮어나갔다. 저는 단순히 작가의 역할에 머무른 것이 아니라, 한 시대의 증언을 후대에 전하는 사명을 지닌 마음으로 임하였다.

　노 기장님의 발자취를 따라 국방부, 공군본부, 대한항

공 등 여러 기관의 문을 두드렸고, 흐릿해진 공적 기록과 가족의 증언 사이를 잇는 길 위에서 장녀 노현경 자매님의 도움이 컸다. 쉽지 않았지만, 오히려 그 수고로움이, 이 기록의 소중함을 더 깊이 느끼게 해주었다.

책을 만들면서 저는 여러 차례 가슴이 뭉클했다. 한 조종사의 고독과 사명, 그 곁을 지킨 아내의 인내와 사랑, 그리고 함께한 시간 속에 스며든 시대의 그림자가 한 줄 한 줄에 담겨 있었기 때문이다.

이 책은 기억의 책이자, 감사의 책이며, 사랑의 책이다. 그리고 누군가에게는 조용한 위로가, 또 누군가에게는 사명과 책임을 다시 떠올리게 하는 책이 되리라 믿는다.

끝으로 이 뜻깊은 회고록이 세상에 나올 수 있도록 마음을 다해 써주신 박순자 여사님께, 그리고 평생을 조종석에 앉아 조국의 하늘을 지켜오신 故 노재성 기장님께 깊은 경의를 표한다.

"전능하신 하느님, 영원한 안식을 주소서!"

2025년 가을 문턱에서
김춘석 (마르코) 작가

목차

- 책머리에 (박순자 저자) --------------------------- 1
- 책을 펴내며 (김춘석 작가) -------------------- 5

✠ 제1부 ROKAF ✠ ------------------------------- 11

- 새댁의 기도 ---------------------------------- 13
- 출생과 성장 ---------------------------------- 16
- 반월당 -------------------------------------- 19
- 한국전쟁 ------------------------------------ 22
- 학도병 -------------------------------------- 25
- 주먹밥 -------------------------------------- 27
- 하늘을 향한 첫걸음 --------------------------- 29
- 조종사의 길 ---------------------------------- 33
- 첫 만남과 결혼 ------------------------------- 39
- 시동생 -------------------------------------- 46
- 하늘을 맴도는 남편 --------------------------- 49
- 철없던 아내 ---------------------------------- 51

- 호떡과 구급차 ---------------------------------- 55
- 백령도, 그날의 진짜 이야기 -------------------- 59
- 리더쉽과 할머니 -------------------------------- 63
- 2,000시간 무사고 비행 ------------------------- 68
- 가난했지만 행복했던 시절 ---------------------- 71
- 대봉동 우리 집 -------------------------------- 73
- 보국포장 -- 79
- 베트남 전쟁 파병 ------------------------------- 84
- 화랑무공훈장 ----------------------------------- 90
- 서울 입성 --------------------------------------- 95
- VIP 조종사 ------------------------------------- 98
- VIP 비행대장 ---------------------------------- 106
- 공군 전역 -------------------------------------- 109
- 공군과 노재성 --------------------------------- 120

✠ **제2부 KAL** ✠ ------------------------ **143**

- 조중훈회장과의 첫 만남 ------------------------ 145
- 세계로 비상하다 ------------------------------- 147
- 보잉 747 기장 --------------------------------- 151

- 에어버스(A300) 기장 ------------------------ 157
- KAL과 함께 비상(飛上) ------------------ 161
- 지옥 속에서 다시 핀 삶 ------------------ 168
- 현경의 노래 ------------------------------- 173
- 15,000시간 무사고 비행 표창 ----------- 178
- 정년 연장 --------------------------------- 183
- 날개를 접다 ------------------------------- 188
- 조종사의 고독 ---------------------------- 193
- 하늘의 사람 ------------------------------- 195

✠ 제3부 Bon vivant ✠ ------------------ 199

- 사랑의 순례 여행 ------------------------- 201
- 믿음의 여정 ------------------------------- 208
- 이별 준비 --------------------------------- 214
- 삶의 끝자락에서 -------------------------- 217
- 장남 이야기 ------------------------------- 221
- 막내 이야기 ------------------------------- 233
- 은총의 세월과 두려움 -------------------- 235

✠ 제4부 사랑과 비행의 유산 ✠ ------------------ 243

- 위대한 비행 ------------------------------------- 245
- 훈·포장 등 -------------------------------------- 257
- 각종 기록 등 ------------------------------------ 265
- 박순자 저자의 회고록(손 글씨) 등 --------------- 267
- 관련 기관 방문 --------------------------------- 291
- 참고 자료 --------------------------------------- 293

- 글을 마치면서(김춘석 작가) --------------------- 294
- 김춘석 작가 약력 ------------------------------- 297
- 시간이 머무는 길(노현경, 캔버스 유화) ---------- 299

제1부 ROKAF

(Republic of Korea Air Force)

- <시간을 담다> 노현경, 2023, 캔버스 유화 4F -

새댁의 기도

박순자

아침이면 늘 창밖을 본다.
기지로 떠나는 남편의 뒷모습은 언제나 당당하지만,
그가 문을 닫고 나서는 순간부터
나는 또 다른 하루를 시작한다.

기다림과 기도, 그리고 침묵의 하루.
그가 하늘을 나는 동안
나는 땅을 딛고 선 채 하늘을 바라본다.

창공을 가르는 비행기 소리에도
가슴이 철렁 내려앉는다.
혹시 그 안에 그이가 있는 건 아닌지―
안전하게 착륙했는지―
별일은 없는지―

물어볼 수조차 없는 질문이 마음속을 돌고 돈다.
그의 복장은 단정하고
그의 말투는 언제나 평정하지만

나는 안다.
비행 하나에 생과 사가 걸려 있음을.
풍랑과 기체 이상, 순간의 실수와 예기치 못한 돌풍이
가정을 무너뜨릴 수도 있다는 것을.

그래서 나는 누구보다 조심스러운 마음으로
그의 손을 잡고,
말없이 그의 등을 쓰다듬는다.
때론 외롭다.

모든 이가 저녁을 함께할 때
나는 식탁의 반대편을 비워둔다.
빈 의자를 보며
"오늘은 무사했겠지" 되뇌고,
"내일도 부디 무사히" 기도한다.

그럼에도 나는 흔들리지 않는다.
그의 하늘을 나는 꿈이
누군가의 생명을 살리고, 누군가의 미래를 열고,
또 언젠가는 우리의 자식에게
"너의 아버지는 하늘을 지킨 사람이었다."
말할 수 있는 자랑이 되리라는 걸
나는 알고 있으니까.

그래서 나는

젊은 새댁이지만,

한 사람의 아내로, 조종사의 가족으로,

하늘을 지켜내는 땅 위의 사람으로 살아간다.

- 약혼 사진 -

출생과 성장

　　남편은 생전에 여주 촌놈이라고 입버릇처럼 말씀하시곤 하였다. 그는 1932년 8월 19일 여주군의 가난한 농가에서 6남매 중 넷째로 태어났으며, 형님 두 분과 누님 한 분이 있었고, 이어서 동생 두 명이 생겼다.

　　그는 어렸을 때부터 고집이 세고 성질이 까칠하였다. 그리고 얼마나 가난한지 학교에서 집에 오면서 엄마가 밥을 얻어서 어디만큼 왔을 것이다 요량하고 집에 도착하면 엄마가 오셔서 밥을 먹을 수 있었다.

　　아버지는 할아버지께 물려받은 논 열 마지기를 노름으로 다 날리고 몹시 가난했다. 본인 말에 의하면 못 먹어서 키도 작고, 몸도 약했다고 한다, 그래서 어릴 때는 말라리아를 자주 앓았다고 하였다.

　　비록 가난했지만, 공부를 잘해서 어머님은 어려운 살림에도 그를 여주농업고등학교에 보내 주셨다. 고등학교 시절 기계체조 선수로 활동하였고, 또한, 열 명이 도원결의를 흉내를 내 의형제를 맺었다고 했다. 그중에서 여주 유지 집안 아이도 있고, 현직 군수님 아들도 있고 그래서 학교에서 선후배들이 10형제를 모두 부러워했다고 하였다. 그런데 그 형제 중에 제일 못사는 사람이 남편이라고 말했다.

어머니는 어려운 환경 속에서도 남편을 공부시키고 집안을 일으켜 세울 재목으로 키워주셨다. 그런데 어머니께서 고 1학년 때 갑자기 자궁암으로 돌아가셨다. 그러다 보니 이웃에서 불쌍하다고 형수님이 밥 차려 주고, 친구 엄마가 차려 주는 등 이 집 저 집을 오가면서 끼니를 때웠다고 하였다.

남편은 수학을 남달리 잘했다고 해요. 그가 수학을 잘하게 된 원인이 수학 선생님이 교과서도 없이 칠판에 문제를 푸는데 너무 멋있게 보였다. 그래서 수학에 재미를 붙였는데 너무 잘하게 되어 수학 박사라고 불렀다.

그러나 시골 촌구석에서 농사를 지으려고 해도 땅이 없으니 가난할 수밖에 없었고, 어느 날 십형제중 제일 큰형 댁에서 정미소를 하는데 정비소를 보고 기술자가 되어야겠다고 생각했다. 여주에서는 쌀 농산만 짓는 곳이라서 기계가 돌아가는 거라고는 오직 정미소밖에 없었다.

고 3학년 때, 친구 아버지께서 자기 아들에게 공부를 가르쳐서 대학에 붙으면 너도 대학을 보내 주겠다고 해서 열심히 공부했는데 3학년 때 정작 등록금을 내지 못해 대학 입학원서를 쓸 엄두를 낼 수 없었다고 하였다.

- 1949년 여주농업고등학교 역도부(노재성 고2) -

반월당

　　1945년, 해방이 되던 해 나는 경산군 자인면 자인국민학교로 전학을 갔다. 우리 집에서 학교까지는 2킬로미터 남짓 되었고, 그 거리를 말 두 필이 끄는 마차를 타고 오빠와 내가 함께 학교에 갔다.

　　당시 우리 아버지는 대구에서 '반월당 사장님'으로 불릴 만큼 이름난 분이셨다. 반월당은 대구 도심 한복판에 자리한 교통과 상업의 요지 이름으로 일제강점기부터 해방 직후까지 아버지 소유의 반월당 백화점을 비롯해 큰 상점, 영화관, 찻집 등이 모여 있던 부유한 사람들의 중심지였다.

　　학교에 처음 등교하였더니 운동장에 있던 아이들이 우리를 보고 동물원 원숭이 보듯 우르르 몰려와 구경했다. 그런 집안의 자식들이다 보니, 우리는 제법 눈에 띄는 차림을 하고 있었다. 나는 빨간색 코트를, 오빠는 호피 무늬 코트를 입고 있었는데, 아이들은 그런 옷을 생전 처음 보는 듯 신기하게 바라봤다.

해방 후부터 우리 집은 몰락의 길로 접어들었다. 아버지가 일제강점기부터 운영해 오시던 반월당 백화점은, 해방 후에도 한동안 번성했지만, 결국 시대의 격랑을 피하지 못했다.

1946년 10월, 대구 도심 한복판에서 벌어진 10월 항쟁은 우리 가족에게 결정적인 전환점이었다. 시위와 충돌로 반월당 일대는 아수라장이 되었고, 백화점은 약탈과 방화로 큰 피해를 보았다.

아버지는 그날 이후 눈에 띄게 쇠약해지셨고, 한때 대구 상권의 중심이었던 반월당 백화점도 더는 제 모습을 유지할 수 없었다.

그렇게 수백 석이던 재산은 어느새 수십 석으로 줄어들었다. 그러나 그마저도…. 정미소 두 곳도 넘어갔고, 과수원도 팔렸다. 할아버지는 나와 오빠를 데리고 들판 끝자락에 서서 멀리 바라보시며 조용히 말씀하셨다.

"다 없어졌지만, 그래도 너희들은 괜찮을 거야."

그 말이 참 오래도록 가슴에 남았다. 할머니는 그 후에도 종종 안타까운 듯 나를 바라보며 말씀하시곤 했다.

"우리 집안이 망하려고 저 손녀가 아들이었어야 했는데." 나는 똑똑하다는 말을 자주 들었지만, 그 시절에는 여자로 태어난 것이 늘 한계처럼 느껴졌다.

하지만 그때의 나는 몰랐다. 나의 삶이, 그리고 이 기억들이 언젠가 누군가에게 한 시대를 전해주는 이야기로 남게 되리라는 것을.

한국전쟁

1950년 6월 25일. 전쟁은 새벽 라디오 전파를 타고 한반도 전역을 덮쳤다. 경기도 여주에서 농업고등학교에 다니던 열여덟 살의 노재성은, 그날 아침 책가방 대신 운명을 짊어진 보따리를 들었다.

북한(조선인민군)이 소련제 탱크와 병력을 앞세워 38선을 넘어 남침하면서 한국전쟁이 발발하였다. 국제사회(특히 유엔)는 이를 무력 침략으로 규정하고 군사 개입을 결정하여 국제전쟁으로 격화되었다.

한국전쟁의 근본 원인은 1945년 해방 이후, 38선을 기준으로 미국과 소련이 각각 남북한을 점령하였고, 1948년 남북한 각기 정부 수립하여, 남한은 자유민주주의, 북한은 공산주의 체제로 각기 출발함에 따라 민족 간 정치적·군사적 긴장이 고조되고 있었다.

아울러, 미국 대 소련 중심의 냉전 대결 속에서 한반도는 전초전(Proxy War) 무대가 되었다. 김일성은 소련(스탈린)과 중국(마오쩌둥)의 묵인 아래 무력으로 남한을 통일하려고 일으킨 전쟁이었다.

　　북한군이 남침했고, 서울은 곧 함락되었다. 그는 "여기서 죽을 순 없다." 생각하고 고등학교에 다니면서 의형제를 맺었던 십형제 중에서 6형제와 함께 달랑 이불 하나 들고서 피란길에 올랐다. 그들은 걷다가 해가 저물면 들판에서 잠을 자면서 대구를 향해 걸어갔다. 어느 날 키가 큰 친구가 이렇게 피난 가느니 차라리 학도병으로 지원하여 나라를 지키겠다면서 피난 대열에서 이탈하였는데 얼마 후 낙동강 방어선 전투에 투입되었다가 전사했다는 소식을 들었다.

　　정부는 전쟁 발발 직후 병력 부족으로 인해 긴급하게 학도병 모집 지침을 내렸고, 각 지역에서는 지방 군사령부 또는 지구 병참사령부, 경찰서를 통해 모집이 이루어졌으며, 일부 지역에서는 학교장이나 교사가 학생들을 독려하거나 명단을 작성해 제출하기도 했다.

　　학생들은 대부분 강제 동원이 아니라 자원입대 형식이었으며, 특히 서울 수복 이후에는 학도병 자원입대 열풍이 일기도 했다. 학도병은 당시 대한민국의 절박한 전쟁 상황 속에서 중·고등학생은 물론 대학생까지 군사훈련을 받은 후 전선에 투입되었으며, 대표적인 전투로는 포항 전투와 낙동강 방어선 전투 등이 있다.

　남은 5형제들은 무사히 대구에 도착했으나 가지고 있던 돈이 모두 떨어져서 며칠을 굶어야 했으며, 굶어 죽기보다 얼어 죽겠다면서 마지막 남은 이불을 팔기 위해 대구 전매청 골목으로 가서 이불을 팔았고, 당시 골목에는 리어커로 떡 장사와 밥장사를 하는 사람이 많았다. 피난 시절이라서 이불 판 돈을 가지고 겨우 허기를 때웠지만 앞날이 막막하기만 했다. 갈수록 배가 고프고, 허기가 져서 서로 쳐다볼 수도 없고, 말도 못 하고 있었는데 이러다 굶어 죽을 수도 있다고 생각했다.

　길 위에서 한 끼를 얻기 위해 하루를 헤매기도 했고, 대구도 안전하지 않았으며, 굶주린 피란민, 전선으로 쏟아지는 부상자들, 절망과 공포의 소용돌이 속에서 그는 결단했다. "이대로 굶어 죽느니, 차라리 싸우다 죽자."

학도병

대구에서 그는 굶어 죽는 것보다 나라를 위해 싸우다 죽겠다는 각오로 학도병 지원서에 이름을 올렸다. 군번도, 정식 군복도 없었지만, 조국을 지키겠다는 마음 하나는 누구보다 단단했다. 1951년 초, 그는 다른 학생들과 함께 창원 훈련소로 이송되었다.

국군은 창원, 마산, 대구, 진주 등에 단기 간부양성소를 설치했고, 여기에 선발된 학도병 중 일부는 2~3주간의 훈련을 받고 단기 소위, 하사관 등으로 임관되었다.

창원은 임시 군사시설이었고, 훈련은 단기 집중식이었다. 소총 사격, 수류탄 던지기, 구보, 야간 참호 구축, 잠자리는 흙바닥, 식사는 된장국에 보리밥. 그러나 남편은 묵묵히 모든 것을 버텼다. 열흘 남짓한 훈련 후, 그는 '단기 소위'로 임관하였다. 창원의 언덕 아래에서 열린 간이 임관식에서, 그는 처음 계급장을 받았다. "노재성 소위!" 그 순간, 그는 학생이 아닌 군인이 되었다.

남편은 고등학교 때 기계체조 선수라서 체력이 남달

랐으며, 군사훈련 성적도 우수하여 단기 소위로 임명되었다.

소위로 임관했지만, 전쟁보다 무서운 조용한 적이 그들을 덮쳤다. 열병. 당시 훈련소에선 위생이 극도로 나빠 수많은 병사가 발진티푸스와 이질에 쓰러졌다. 남편도 고열에 시달렸지만, 기계체조 선수라서 체력이 우수하여 살아남았다. "소위 계급이 있었기에 그나마 따뜻한 밥과 국을 먹을 수 있었지요. 죽을 수도 있었던 그 병을 넘긴 게, 제 인생의 첫 번째 비행이었다." 말했다.

군 막사 내 환경이 치명적인 전염병 발병 조건이었음을 시사하는데 학도병과 훈련병이 모였던 창원, 마산, 대구 등의 훈련소에서 동일한 전염병 위험이 존재했다. 국방부 전시 위생 보고서 및 학도병 회고록에서는 일부 동기들이 열병으로 쓰러졌거나 사망한 기록이 남아 있다. 특히 계급별 배급 체계로 인해, 소위나 하사관은 더 나은 보급 및 치료를 받았다는 증언이 많다. 당시 전염병이 전쟁보다 치명적이었고, 훈련소에서 많은 희생자가 발생하였다.

주먹밥

　내가 대구에서 초등학교 6학년이던 해, 한국전쟁이 터졌다. 갑작스레 들이닥친 전쟁은 우리 삶의 모든 풍경을 바꿔놓았다. 학교에서는 '전시 생활'이라는 특별 수업을 받았는데, 지도 위에서 우리 땅은 자꾸만 줄어들고, 어느새 대구와 부산만이 남아 있었다.

　하늘엔 낯선 비행기가 쌩쌩 소리를 내며 날아다녔다. 사람들은 그것을 "쌕쌕이"라 불렀다. 나는 그 비행기를 올려다보며, 저 좁은 속에 사람이 들어앉아 조종한다는 게 도무지 믿기지 않아 한참을 멍하니 바라보던 기억이 난다.

　어느 날 밤이었다. 깊은 밤중에 대문을 두드리는 소리에 온 집안이 놀라 일어났다. 문을 열어 보니 충청도에서 피난 온 사람들, 무려 50명이 우리 집에 배정되었다는 것이었다. 그날부터 우리 집은 임시 피난소가 되었고, 어머니는 매일 같이 그 많은 사람들을 위해 주먹밥을 만드셨다.

어머니는 키가 작으셨다. 그래서 큰 솥단지를 다루고 주먹밥을 빚을 때면 부뚜막 위에 올라앉아 일을 하셨다. 그 작고 단단한 어머니의 등이 기억난다. 나는 그 옆에서 어머니를 도우며 피난민들을 돌보았다. 물을 길어다 주고, 아이들을 달래주고, 좁은 방에 이부자리를 깔고 정리하는 일도 맡았다.

그렇게 혼란스럽고도 따뜻했던 여름이 지나고, 서울이 수복되자 피난민들도 하나둘 고향으로 돌아갔다. 덧없이 지나간 시간이지만, 그 시절은 내 마음속에 오래도록 남아 있다. 우리는 그렇게, 시대의 고비를 함께 견뎌낸 세대였다.

하늘을 향한 첫걸음

　1950년 6월 25일, 북한군이 남침하면서 전쟁이 시작되었다. 북한군은 소련제 T-34 전차와 병력 우세를 앞세워 서울을 3일 만에 함락(6월 28일)했다. 정부는 부산으로 피난하였고, 서울은 북한에 점령당하였다. 국군·유엔군은 낙동강 전선까지 밀리며 전 국토의 90%를 상실하였다. 미국을 중심으로 한 유엔군(UN군)이 참전, 병력과 물자가 집중되었다. 1950년 8~9월, 낙동강 방어선에서 치열한 고지전이 벌어졌다. 동시에 인천 상륙작전이 기획되었다. 드디어 1950년 9월 15일, 인천 상륙작전이 맥아더 장군이 지휘하여 미 해병 1사단 중심으로 인천에 기습 상륙하였다. 북한군 후방을 절단하며 보급선을 붕괴하자 북한군은 서울 및 전선에서 급속히 후퇴하였다.

　1950년 9월 28일, 유엔군은 인천 상륙 후 서울을 탈환하였다. 이승만 대통령이 국기 게양식을 거행하였다. 당시 서울은 대부분 폐허 상태였고, 수복 직후 계엄이 유지되었고, 시가전으로 민간인 피해도 심각하였다. 국군과 유엔군은 38선을 돌파해 북진을 시작하였다. 이후 국군은 평양 입성(10월 19일)과 압록강까지 진격하였다.

그러나 중공군의 참전(10월 말)으로 인해 다시 서울이 재함락(1951년 1월 4일) 당하고 "1·4 후퇴"를 할 수밖에 없었다.

남편은 드디어 서울이 수복되었다는 소식을 접하고, 임시 소위를 그만두고, 고향으로 돌아가 먼저 고등학교를 졸업하고 새로운 진로를 모색하기로 하였다.

1952년 3월 23일, 남편은 우여곡절 끝에 여주농업고등학교 농업과를 정식으로 졸업했다. 입학할 때만 해도, 그는 쟁기와 보습을 다루는 농부가 될 줄 알았다. 그러나 전쟁은 그의 진로뿐 아니라 인생을 송두리째 바꾸어 놓았다. 이미 학도병으로 참전해 소위 계급장을 달았던 경험은 그에게 하늘로 향하는 새로운 꿈을 심어주었다.

졸업식 날, 아버지는 수수한 흰 쌀밥과 나물 반찬을 차려 주며 조용히 말씀하셨다. "이제는, 진짜 네 길을 가렴." 그 길은 곧바로 이어졌다. 그는 졸업하자마자 공군 사병으로 입대했다. 이전의 학도병 신분과는 달리, 이번엔 정식 군번과 군복을 갖춘 대한민국 공군의 일원이 되었다.

남편은 수원비행장 인근의 훈련소에서 신병 훈련을 받았다. 항공기를 직접 몰 수는 없었지만, 훈련을 받으면서 공군의 체계를 몸으로 익혀갔다. 매일 아침, 머리 위로 뜨는 F-51 무스탕의 굉음은 그에게 단순한 전투기 소리가 아니었다. "언젠가는 나도, 저 안에 있을 것이다." 그 마음은 꿈이 아니라 계획이 되었다.

그는 훈련을 마친 뒤에도 항법과 기초 물리학 등을 스스로 공부했다. 그러던 어느 날 아침, 생활관 게시판에 붙은 벽보 한 장이 그의 눈을 멈추게 했다.

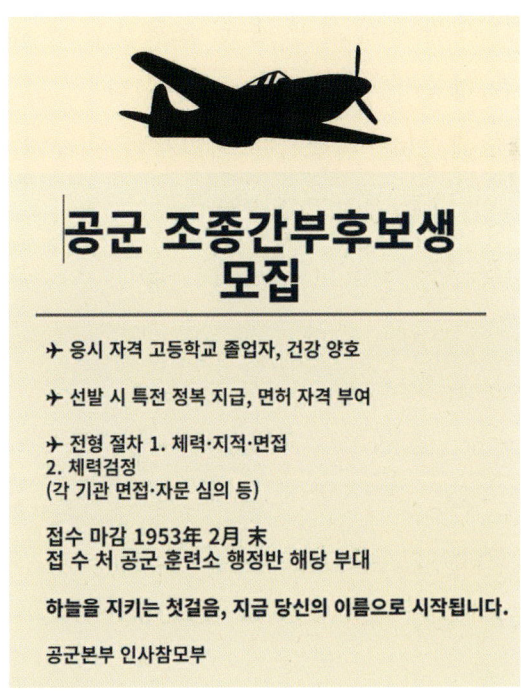

남편은 그 순간, 심장이 뛰기 시작했다. 그는 주저하지 않았다. 바로 신청서를 써서 제출했고, 훈련 중 틈틈이 구보, 윗몸일으키기, 독서력 훈련을 이어갔다. 며칠 후, 1차 체력 시험에서 그는 100m 달리기, 제자리멀리뛰기, 윗몸일으키기에서 최고 기록을 냈다. 2차 면접에서는 조용히 고개를 숙였다가, 질문이 오자 또렷하고 자신 있는 목소리로 말했다. "저는 이미 전쟁을 겪었고, 낙동강 방어 전투에서 살아남았습니다. 이제는, 하늘에서 그 전쟁을 막고 싶습니다."

며칠 후 발표된 합격자 명단에는 "노재성"이라는 이름이 있었다. 곧바로 그는 공군 조종간부 후보생 2기로 선발, 진주 항공학교로 이동하게 되었다. 그날 밤, 그는 야간 격납고에 있는 비행기를 바라보며 이렇게 중얼거렸다. "하늘이 나를 부르고 있어…"

조종사의 길

　공군 조종간부 후보생으로 입대한 남편은 첫날부터 평범한 삶과는 결별했다. 거친 제식 훈련과 체력 단련, 군인의 기본기를 다지는 초기 교육과정을 지나며, 그는 매일 땀과 의지로 자신을 단련시켜 나갔다.

　이후 본격적인 조종 훈련에 돌입하면서 그의 일상은 더욱 치열해졌다. 조종사 훈련의 첫걸음은 지상 학과 교육이었다. 항공역학, 항법, 기상, 항공기관, 통신 등 이론 교육은 고등학교 시절 교과서와는 비교할 수 없는 높은 수준이었다. 모든 것이 영어 교재였고, 시간은 부족했으며, 실수는 곧 낙오로 이어졌다.

　그는 매일 밤늦게까지 교재를 붙들고 복습하며, 모르는 부분은 선임 조종사에게 물어가며 채워나갔다. 하늘을 나는 사람은 먼저 땅에서 배운다는 조훈(操訓)의 가르침을 마음에 새기며, 착실히 준비했다.

　그리고 마침내 첫 비행. 그는 소형 훈련기인 T-6 텍산(Texan)에 올라 조종간을 잡았다. 하늘은 맑고, 바람은 잔잔했지만, 그의 가슴은 태풍처럼 요동쳤다. 교관이 조수석에서 차분히 지시했고, 그는 기체를 조심스럽게 이륙시켰다.

"언젠가 혼자서 이 하늘을 날게 될까…" 그 꿈은 그리 멀지 않았다. 이착륙, 상승과 선회, 실속 회복, 비상 상황 조치 등을 반복하며 그는 하늘의 감각을 익혀갔다. 그의 성적은 항상 우수했고, 드디어 단독 비행 허가를 받게 되었다. 교관 없이, 혼자 하늘에 오르는 그날. 조종간을 쥔 그의 손은 단단했고, 엔진음은 그의 심장과 함께 고동쳤다.

그러나 훈련은 쉽지 않았다. 어느 날, 단독 비행 중 엔진 고장이 발생했다. 그는 당황하지 않고 침착하게 기체를 조절하여 남강 백사장에 불시착시켰다. 하늘에서 내린 그의 몸은 모래에 닿았고, 주민들이 하나둘 몰려들었다. 처음엔 비행기가 떨어졌으니 '주워갈 것이 많겠다'라며 모여든 이들이었지만, 조종사가 무사히 걸어 나오자 모두 숨을 죽였다.

통신 장비는 고장 나 있었고, 연락망은 끊겼다. 그러나 누군가 마을 전화로 부대에 알렸고, 구조대가 도착할 수 있었다. 그는 그렇게 위기를 넘겼다. 그리고 불시착

후 첫 복귀 날, 대대장은 그의 침착함과 조종술을 크게 칭찬했다.

훈련생 과정이 끝나갈 무렵, 그는 하나의 선택지를 앞에 두게 되었다. 전투기 조종사로 갈 것인가, 수송기를 선택할 것인가. 화려한 전투기 대신 그는 자신이 더 오래, 더 멀리 날 수 있는 수송기 조종사를 선택하였다.

불시착 이후, 그는 한동안 훈련에서 제외되었다. 기체 복구, 심리적 회복, 그리고 지상 대기. 하늘은 아직 내 것이 아니었지만, 언젠가 다시 날 것을 믿었다.

그리고 얼마 후 그는 비행훈련에 복귀했다. 지상학, 항법, 무선통신, 그리고 다시 비행 실습. 밤하늘을 나는 야간 비행과 편대비행, 폭격 훈련, 모든 과정이 그애겐 더 절실했고, 더 감사했다.

교관은 그에게 말했다. "넌 이미 한 번 죽었다 살아난 조종사다. 이제 진짜가 돼야 한다." 그는 더 독기를 품었다. 결국, 1955년 12월 23일. 드디어 소위 계급장을 달았다.

K-ᄊ
F-51-D. 單獨飛行 第二回 時
ENGINE 不調로 晉州 낭강기슭 사장에
胴着 4288. 7. 2사. 10:50.

K-4
F-51-D 運航飛行 중 二回목
ENGINE 不調로 錦川 낭강에 胴着
4288. 7. 25. 10:50.

파손부분을 →

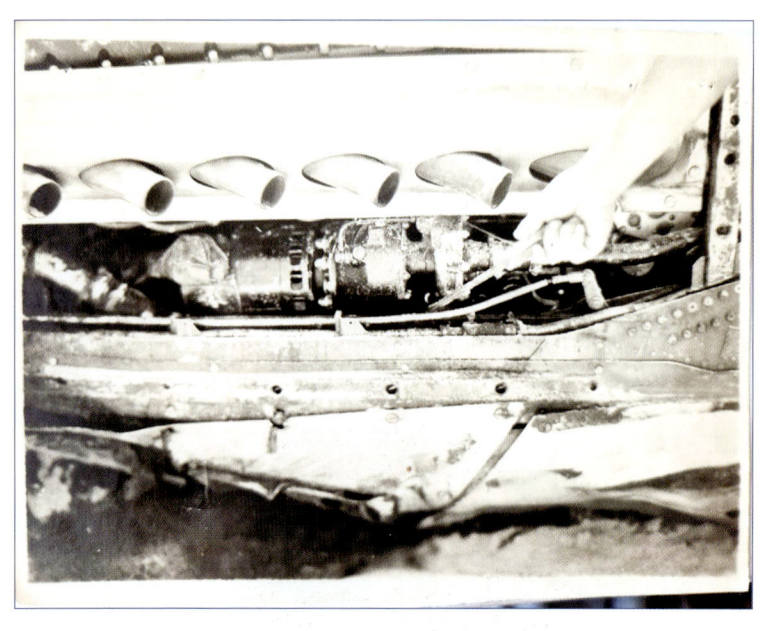

F-51-D 單機飛行 훈련中
ENGINE 不調. 긴급 낙강時

4288. 7. 간. 10:50

충격으로 파손부분 ⟶

첫 만남과 결혼

　　남편은 F-51 무스탕 전투기 훈련 도중 진주 남강 백사장에 불시착하게 되지만, 그는 "그가 걸어온 길에 비하면 하늘이 내린 착륙지점이었을 뿐이었다."라고 대범하게 말했다.

　　이 선택은 그에게 새로운 길을 열어 주었다. 그는 1958년 9월 1일, 중위로 진급하여 대구 동촌비행장에 배속되었다. 그는 실전 수송 작전, 보급 임무, 인원 수송 등에서 중대한 역할을 해냈다. 무기를 들지 않는 비행이었지만, 그는 하늘 위에서 더 많은 생명을 살리고, 더 많은 임무를 완수했다. 그는 그렇게 진정한 조종사가 되어갔다. 하늘이 허락한 길 위에서, 땅과 사람을 잇는 비행을 시작한 것이다.

　　그때 나는 부모님, 동생들과 함께 대구의 작은 집에 살고 있었다. 하루하루가 단조롭지만 소박했고, 장독대 옆 작은 화단에 핀 꽃들을 바라보며 자주 상념에 잠기곤 하던 시절이었다. 내 또래 친구들은 하나둘 시집을 가고 있었고, 할머니는 이따금 "우리 손녀 좋은 사람 있으면 좀 알아봐 달라"며 동네 사람에게 말씀하셨다.

할머니의 그 말씀이 남편의 귀에 들어갔다. 남편은 당시 어른들에게 들은 말을 떠올랐는데 "여자 사귈 땐 지금 부자도, 너무 가난한 집 딸도 말고, 한때 부자였다가 몰락한 집 딸이 제일 좋다."는 것이었다. 내가 비록 많이 말랐고, 첫인상은 그리 좋아 보이지 않았지만, 남편은 혹시 이 여자가 바로 그 여자 아닐까 생각했다고 한다.

어느 날, 우리 집에서 가까운 밥집에 방을 구하러 온 청년이 있었다. 그는 대구로 전출을 와 영외 생활하게 되었는데, 숙소를 구하지 못해 밥집 아주머니께 물어본 것이었다. 우연히 그 밥집 주인이 나의 삼촌과 아는 사이였고, 삼촌 댁에 빈방이 있다는 말을 듣고 그 청년은 곧바로 삼촌 집에 들어가게 되었다. 그렇게 시작된 것이었다. 내 인생의 커다란 전환점이.

나는 그 사실을 전혀 모르고 지내고 있었다. 그런데 어느 날, 엄마가 나에게 "작은집에 심부름 좀 다녀오너라"라고 말씀하셔서 무심히 삼촌 댁으로 향했다. 대문을 열고 마당에 들어가니 낯선 남자가 앉아 있었고, 삼촌은 나에게 "들어오너라" 하셨다. 나는 그저 심부름만 전하고 곧장 돌아왔다. 그 짧은 순간, 나는 그 사람의 얼굴도 제대로 보지 않았지만, 그는 그때 나를 보고 마음을 두었다고 했다.

며칠 뒤, 삼촌을 통해 그 사람이 나에게 데이트를 청해왔다. 나는 난감했다. 누군지도 모르고 얼굴도 제대로 본 적 없는데 만나자니 내키지 않았다. 고집을 부렸지만, '한 번쯤 얼굴은 봐도 되지 않을까?' 하는 생각이 들어 어렵게 승낙했다.

약속 날, 그는 말쑥하게 공군 제복을 차려입고 나타났다. 나를 보자 반갑다며 환히 웃더니 내 의사도 묻지 않은 채 합승 택시를 잡았다. 나는 당황했다. '처음 만나는 여자에게 합승 택시라니…' 속으로 이미 감점을 하나 주었다. 목적지는 불고기 식당이었다.

요즘이야 흔한 메뉴지만, 그 시절 데이트라 하면 다들 양식당쯤은 기대하던 때였다. 또 하나의 감점. 게다가 화로가 내 오른편에 놓이는 바람에 내가 고기를 굽게 되었고, 불판을 뒤적이며 슬며시 그의 얼굴을 보았는데… 너무 놀랐다. 세상에, 그렇게 못생긴 사람은 처음 봤다.

나는 밥을 먹는 둥 마는 둥 어정쩡한 식사를 마친 뒤, 그는 영화를 보자고 했고, 나는 순순히 따라갔다. 하지만 영화 내용은 하나도 기억나지 않는다. 내 머릿속엔 그 사람의 얼굴밖에 없었다.

집에 돌아오자 나는 그 길로 엄마 앞에서 엉엉 울었다. "세상에, 그렇게 못난 사람이 어딨어요. 나 시집 안 갈래요!" 그러자 동생이 웃으며 말했다. "언니, 남자랑 밥도 먹고 영화도 봤는데, 이제 와서 시집 안 간다니, 그게 말이 돼요?" 그때는 그런 만남은 곧 약혼으로 이어지는 분위기였다. 결국 나도 더 버티지 못하고 약혼을 받아들이게 되었다.

그 사람은 저녁마다 우리 집에 들렀다. 처음에는 할아버지와 할머니 방에 인사를 드리고, 30분을 앉아서 말씀을 들은 후 우리 방으로 들어왔다. 방 안에는 엄마와 동생들이 있어 말 한마디 꺼내기도 조심스러웠다.
그는 그저 조용히 앉아 있다가, 때때로 화롯불을 뒤적이다가 시선을 피하곤 했다. 밤 10시가 되면 돌아갈 시간이 되었다. 온 식구가 마루까지 나와 배웅했고, 나는 대문 앞까지 함께 걸었다.

그 길목에서 그는 살짝 내 손을 잡았다. 말도 없이, 조심스럽게. 따뜻하고 서툰 손길이었다. 그 순간, 나도 모르게 마음 한쪽이 조금 흔들렸다. 그렇게 어색하고 삐걱

거리게 시작된 인연이지만, 지금 돌이켜보면 참 고운 첫 장면이었다.

우리는 일요일이면 데이트했다. 하지만 늘 시간이 짧고, 마음은 어딘가 부족했다. 영화를 좋아했지만, 개봉관에 한 번도 가본 적 없었다. 남편은 너무 검소한 사람이었기에, 데이트도, 사소한 사치도 사양했다. 그런데도 마음 한쪽에는 그 사람의 진실한 마음이 깊이 새겨졌다. 비록 돈은 없었지만, 사랑 하나만은 흔들림 없었다.

1959년, 그가 말했다. "올해 안에 결혼식을 올립시다." 그의 제안에 나는 결국 고개를 끄덕였다. 하지만 준비된 건 없었다. 그가 내민 것은 10만 환. 그 돈으로 집과 혼수를 마련하라고 하였다. 그리고 금반지 두 개를 내밀며, 새롭게 반지와 목걸이를 만들려면 수공이 드니 대신 이걸로 하자는 그 말에, 현실은 아득했지만, 그의 진심에 또 마음이 무너졌다. 게다가 그 돈에서 아버지와 형님의 차비까지도 드려야 한다고 하였다.

우리 집도 마찬가지로 형편이 좋지 않았다. 어머니는 삯바느질로 하루하루를 이겨내고 계셨다. 그런 어머니가 우리의 월세방을 얻어주시고, 첫 월급날까지 살아갈 수 있도록 다 챙겨주셨다.

- 1959년 결혼식 -

- 1959년 결혼식 -

그렇게 시작한 신혼살림이었지만, 참 이상하게도 그 모든 것이 고맙고, 그래서 행복했다. 그 시절 한 달 월급은 2만 환. 단칸방 월세가 3천~5천 환, 식비와 생필품을 아껴가며 살 수 있었다. 짜장면 한 그릇이 50환, 버스 요금은 15환, 달걀 한 개가 10~15환. 우린 검소하고 조용한 행복을 이어갔다.

1959년 3월 1일, 남편은 금방 대위로 진급했다. 저는 살림에 서툴러 어머니에게 많이 의지했다. 적자가 날 때면 어머니가 빈틈을 메워주시곤 했다. 그런데 대위로 진급하면서 월급도 올라 살림살이가 나아지기 시작했다.

시동생

어느 날, 남편이 퇴근 후 조심스레 말을 꺼냈다. "막냇동생이 고등학교를 졸업했어요. 대학을 보내고 싶습니다." 그는 자신은 이미 공군 대위이고, 대학 가기엔 늦었다며 자신보다 동생이 배워야 한다고 했다. 사실 형편이 나아지면서 남편에게 야간 대학을 권하던 나는 고개를 저었다.

그러자 남편은 "형 대신 대학 간 동생은 언젠가 이 은혜를 기억할 겁니다." 말문이 막혔지만, 그의 간절한 마음을 외면할 수 없었다.

그리하여 단칸방에 시동생까지 함께 지내게 되었다. 그를 학원에 보내 입시 준비를 시켰고, 다음 해 그는 경북대 물리화학과에 입학했다. 나는 생활이 빠듯했지만, 불평하지 않았다.

1960년 초, 첫 아이 현경이가 태어났다. 눈에 넣어도 아깝지 않을 만큼 귀하고 이쁜 아이였다. 우리는 젖을 짜기 위해 양을 샀는데, 그 젖을 팔아 학비에 보탤 생각이었다. 1년도 되지 않아 양이 병에 걸려 젖도 나오지 않게 되자, 결국 결혼반지마저 팔아 시동생의 학비를 대면서 버텼다. 시동생이 군에 입대했다.

그럼에도 우리는 서로를 바라보며 웃었다. 비록 가진 것은 많지 않았지만, 마음만은 늘 따뜻했고, 서로를 향한 믿음은 흔들림이 없었다. 그저 그렇게 살아가는 것이 세상의 이치인 줄 알았고, 누구보다도 검소하고 아껴가며 사는 우리가 오히려 복된 삶을 살고 있다고 생각했다.

비록, 살림살이는 빠듯했지만, 우리 마음에는 늘 여유가 있었고, 그 어떤 순간에도 우리 삶을 불행하다고 느껴본 적은 없었다. 그것이 바로 우리의 젊음이었고, 서로를 향한 사랑이었다. 우리는 작은 기쁨을 아끼고 모으며, 하루하루 성실히 살아갔다.

시동생은 대학을 졸업했지만, 한동안 직장을 구하지 못했다. 결국 중학교 수학 교사가 되기 위해 다시 공부했고, 마침내 교단에 서게 되었다.

그리고, 마침내 그날이 왔다. 십 년 동안 한 지붕 아래에서 함께 살아온 시동생이 드디어 장가를 가는 날이었다. 그는 그동안 우리 부부의 또 다른 가족이자 때로는 자식 같은 존재였고, 때로는 미운 가시처럼 마음을 찌르던 사람이기도 했다. 아침 일찍부터 결혼식 준비로 분주한 손길들이 오갔고, 나는 부엌에서 하얗게 국수를 삶으며 괜스레 눈시울이 붉어졌다. 그릇 속에서 흰 국수가 끓어오를 때마다, 지난 10년 세월이 주마등처럼 스쳐 갔다.

좁디좁은 단칸방에서 부대끼며 살던 시절, 솔직히 속으로는 그를 얼마나 미워했는지 모른다. 그런데도 매번 밥상을 마주하며 웃던 기억, 추운 겨울날 두툼한 이불을 함께 덮고 자던 기억이 이제는 더 선명하다. 불편하고 답답하던 시간이 어느새 서로를 묶어 주는 끈이 되었음을, 이제야 깨닫는다.

가난했지만 서로를 의지하며 버텨냈고, 소소한 일상에서 배려와 사랑을 배웠다. 지금 돌이켜보면 그 모든 날이 눈물겹도록 소중했다. 시동생이 떠나는 날, 나는 그가 단순히 함께 지낸 식구가 아니라, 내 삶을 빛나게 해준 또 하나의 가족이었음을 깨달았다. 그 시간이 모여 결국 우리 부부의 진짜 사랑 이야기, 인생에서 가장 값진 한 장이 되었다.

🛩 하늘을 맴도는 남편

어느 날, 봄볕이 참 좋던 날이었다. 빨랫감을 한가득 안고 마당으로 나와 빨랫줄에 널고 있었다. 바람도 적당하고 햇살도 참 기분 좋아서, 괜히 콧노래까지 흥얼거리며 일을 하고 있는데…

그때, 머리 위에서 "우우우우웅—" 하고 수송기 한 대가 낮게 돌고 있었다. 평소보다 좀 많이 맴돈다 싶었다. 그 모습을 보고 주인집 아주머니가 힐끗 하늘을 올려다보더니, 호호 웃으며 한마디 하였다.

"애기 엄마~ 신랑이 마누라 뭐 하나 보려고 계속 내려다보는 거 아냐?" 저도 웃으며 "아이고, 그러게요~ 빨래 잘 널고 있는지 내려다보고 있나 봐요" 하며 농담으로 받아쳤다. 그냥 시골 마당에서 오가는 웃음소리 중 하나였고, 파일럿 아내로서 감당해야 할 농담이었다.

그런데 그날 저녁, 남편이 집에 들어와서 식사하는데 내가 낮에 본 얘기를 꺼냈다. "오늘 수송기 한 대가 하도 뱅뱅 돌아서, 주인집 아주머니가 당신이 날 내려다보는 거라더라~ 호호."

그랬더니 남편이 젓가락을 멈추고 멋쩍게 웃으며, "…그거, 나였어." 라고 담담하게 말했다. 나는 깜짝 놀라서 "뭐라고요? 아니 어떻게 그런 일이 있을 수 있느냐" 라고 반문하였다.

남편은 "바퀴가 안 나와서 말이야… 착륙을 못 하고 계속 공중에서 돌고 있었지. 몇 바퀴나 맴돌았는지 몰라."

그 순간, 그저 농담처럼 흘러갔던 하늘 위의 장면이 달라 보였고, 내가 마당에서 햇살과 바람을 즐기며 빨래를 널고 있던 순간에 남편은 그 하늘 위에서 생사의 갈림길을 맴돌고 있었다.

마음 한쪽에서는 남편이 진짜 나를 보려고 내려다본 건 아니었을까? …뭐, 바퀴 핑계일 수도 있지만. 후훗.

철없던 아내

결혼하고 전셋집을 전전하며 살아갈 때, 우리가 얼마나 가난했는지 그땐 잘 몰랐다. 하루 중 정해진 시간에만 수돗물이 나왔고, 우리 집에는 아예 수도가 없었다. 물이 나오는 시간이 되면 옆집에서 먼저 물을 다 받아야 했고, 그 후에야 비로소 우리 차례가 됐다.

"형님, 이제 좀 받아도 될까요?"
"응, 얼른 받아. 지금도 물줄기가 약하네."

남편은 양동이를 들고 허겁지겁 뛰어나가 물을 채웠다. 겨울이면 손이 얼어붙을 듯 시려도, 물을 놓치면 하루가 엉망이 되기에 꾹 참고 버텼다. 설거지도, 씻는 것도, 그 한순간에 모든 걸 걸었다.

그날 저녁, 남편은 밥을 서둘러 먹고 물을 받으러 나갔다. 그때 대학생인 시동생은 밥을 먹고 있었다. 무슨 일 때문이었는지 정확히는 기억나지 않지만, 아마도 내가 시동생에게 잔소리를 심하게 했던 것 같았다.

그 순간, 시동생은 아무 말없이 숟가락을 내려놓더니 밥상을 그대로 엎었다. 김이 모락모락 나던 국이 바닥에 쏟아졌고, 반찬이며 밥이며 흩어졌다. 나는 벌떡 일어나 소리쳤다. "지금 뭐 하는 짓이야? 그러자 시동생은 문을 쾅 닫고 나가 버렸다.

나는 한참을 그 자리에 멍하니 서 있었다. 그날은 토요일이었으며, 둘째 아이는 감기가 심하여 젖을 먹이고 있었다. 나는 마음속에서 아직도 부글부글 끓고 있었다. 그때 남편이 들어왔다.

"무슨 일이야? 왜 밥상이 저 모양이야?" "당신 동생이 밥상을 엎었어. 내가 뭐 좀 말했더니…" 내 말이 끝나기도 전에, 남편은 내게 다가오더니 갑자기 내 뺨을 때렸다.

나는 눈앞이 핑 돌았다. 젖을 물고 있던 아기가 놀라 울기 시작했고, 나는 말도 못 하고 그대로 얼어붙었다. 아프기도 했지만, 더 아픈 건 그 순간 느껴진 배신감이었다. '이 사람, 끝까지 동생 편이구나…' 지금 와서 생각하면 남편도 참 복잡했을 것이다. 동생을 다그칠 수도 없고, 그렇다고 무시할 수도 없으니, 화살이 나에게 온 거였다.

다음 날 아침, 나는 아이를 업고 소아과로 향했다. 남편은 첫째 아이의 손을 잡고 조용히 뒤따라왔다. 병원에서 돌아오는 길, 남편은 말없이 걸음을 옮기다가 조심스레 입을 열었다. "미안해. 정말… 미안해. 내가 어제 너무했어. 다시는, 절대 그런 일 없을 거야. 진심이야. 죽을 때까지 잘할게."

그 말에 나는 아무 대꾸도 하지 않았다. 대답할 힘도, 하고 싶은 말도 없었다. 하지만 남편의 말에서 후회와 진심이 묻어나는 것을 느꼈다. 그냥 조용히, 그 길을 함께 걸었다.

나는 원래 술을 입에도 대지 않던 사람이었다. 그런데 그날 저녁, 밥을 먹다가 문득 술이 마시고 싶어졌다. 아니, 술을 마시고 싶은 게 아니라, 그냥 한 번쯤 터뜨려 보고 싶었던 것 같다.

"여보, 막걸리 좀 사다 줘요." 남편은 놀란 눈으로 나를 바라봤다. "당신 술 못 마시잖아." "그러니까… 오늘은 좀 마셔볼래."

남편은 말없이 구멍가게에서 막걸리를 사 왔다. 나는 막걸리 한 잔을 단숨에 들이켰다. 아무 일도 없었다. 한

잔을 더 마셨다. 그래도 멀쩡했다. "뭐야, 나 왜 안 취하지?"

그러자 남편이 웃으며 말했다. "젖 먹이는 엄마는 막걸리 두 잔쯤은 약도 안 받아. 그 정도는 괜찮대." 나도 따라 웃었지만, 웃음 뒤에는 말 못 할 속상함이 아직 남아 있었다. 아마도 그날따라 속이 너무 달아올라, 술도 그걸 못 이긴 모양이었다.

지금 돌아보면, 남편과 나 사이엔 여섯 살이라는 나이 차가 있었다. 나는 그 나이 차이만큼 철이 없었던 것 같았다. 반찬이 없어 속상하고, 돈이 없어서 울고, 집이 없어 불안했다. "왜 우리만 이 고생이야? 남편은 넷째인데 왜 우리가 뒷바라지까지 해야 해?" 그런 말도, 그땐 서슴없이 내뱉었다.

지금 생각하면 참 미안하다. 남편도 얼마나 힘들었을까? 가족을 책임지느라, 내 눈물까지 삼켜가며, 얼마나 많은 날을 버텼을까? 그 모든 걸 껴안고 걸어온 사람이 바로 남편이었다.

호떡과 구급차

결혼하고 우리는 셋집을 전전하며 살아가고 있었다. 그 시절엔 형편이 넉넉하지 않아 한곳에 오래 머무르지 못했다. 우리는 대구 동천강 옆 변두리로 또다시 보금자리를 옮겼다. 막내 애가 세 살 무렵이었다.

그때는 간식을 매일 사줄 수 있는 형편이 아니었다. 아이들이 자라면서 입도 짧고 입맛도 까다로워졌지만, 나는 무엇이든 집에서 만들어 먹이려 애썼다.

그날도 밀가루 반죽에 설탕을 넣어 호떡을 굽고 있었다. 툇마루 아래 아궁이 위에 솥뚜껑을 얹어 달궈놓고, 정성껏 노릇노릇하게 구워내던 참이었다.

그때, "엄마, 호떡 줘!" 막내는 작은 손을 들며 들뜬 목소리로 재촉했고, 나는 두 손에 갓 구운 호떡 두 개를 들어 건네려 했다.

그런데 그 순간, 호떡을 받으러 다가오던 아이가, 그만 발을 헛디뎌 달궈진 아궁이 위로 툭, 그대로 빠져버린 것이다. 타닥타닥 연탄불 타는 소리 위로, "으아아악—!!!" 아이의 비명 같은 울음소리가 터졌다.

그 순간, 나는 본능적으로 몸이 먼저 반응했다. 불 위로 그대로 손을 뻗어, 아이를 번개처럼 끌어올렸다. 뜨거운 연기가 얼굴을 스쳤고, 내 팔도 그슬렸지만, 아무런 감각이 없었다. 아이의 얼굴은 눈물과 콧물로 범벅이 되었고, 작은 가슴은 놀람과 고통으로 헐떡이고 있었다. 얼굴은 빨갛게 상기되고, 입술은 파르르 떨렸다. 손에는 여전히, 호떡 두 개가 꼭 쥐어진 채였다. 얼마나 놀랐으면 그걸 놓지도 못한 걸까? 나는 아이를 껴안고 엉엉 울고 말았다.

그 모습을 본 주인아주머니가 다급하게 외쳤다. "얼른! 아기 아버지한테 전화하세요! 지금 당장!" 당시 남편이 복무 중이던 공군부대는 집에서 불과 2km 거리였다. 수화기를 붙잡은 손이 덜덜 떨렸지만, 겨우 상황을 설명했고, 잠시 후, 부대에서 급히 보낸 구급차가 도착했다.

그런데 차는 멈추자마자 아이만 내 품에서 뺏어 가듯 안아 그대로 데리고 가버렸다. 나는 어찌할 바를 몰라 마당에 멍하니 서 있었다. 그 순간, 문득 이런 생각이 들었다. "나는 이 아이의 진짜 엄마가 맞긴 한 걸까…. 그냥 돌보는 유모처럼 느껴졌다."

얼마나 시간이 흘렀을까. 남편이 아이를 안고 돌아왔다. 눈이 벌게진 채 나를 보며 말했다. "당신, 정말 놀랐지? 다행히 크게 다치진 않았대." 정말 하늘이 도우신 것인지, 아이의 엉덩이 테두리만 하얗게 데였을 뿐이었다. 의사는 큰 화상도 아니고, 감염 걱정도 없다고 안심시켰다.

그때 나는 정신이 번쩍 들었다. 아궁이 옆에서 아이가 뛰노는 것이 얼마나 위험한지, 그걸 미처 몰랐던 나 자신이 너무도 원망스러웠다.

병원까지 다녀온 아이는 그 와중에도 여전히 양손에 호떡을 꼭 쥐고 있었다. 불길 속에서도 그걸 놓지 않았던 작은 손, 나는 그 모습을 평생 잊지 못한다.

그 아이가 이제는 어느덧 60대의 중년이 되었다. 내 눈엔 아직도 그날, 울먹이며 호떡을 쥐고 있던 세 살배기 모습이 선하다.

백령도, 그날의 진짜 이야기

어느 날 저녁, 남편이 퇴근하고 집에 들어왔다. 그런데 팔뚝에 선명한 빨간 약이 발라져 있었다. 나는 깜짝 놀라 다급히 물었다.

"아니, 무슨 일이 있었어요? 어디 다친 거예요?"

남편은 멋쩍은 미소를 지으며 말했다. "오늘 백령도에 좀 다녀왔는데… 비행기에서 내리다가 팔을 살짝 긁혔어. 별일 아냐."

나는 안도의 숨을 쉬며 "아이고, 조심 좀 하지 그랬어요." 하고 팔뚝에 약을 다시 발라주었다. 그날도 남편은 평소처럼 묵묵하고 간단히 말을 아꼈다. 그래서 나도 그저 그런 일이라 여겼다.

하지만 시간이 흐른 뒤, 나는 그날의 진짜 이야기를 듣게 되었다. 그날 남편은 부기장으로 탑승하여 수송기를 몰고 백령도로 향했다. 백령도에는 아직도 정식 활주로가 없어, 사곶해수욕장의 썰물 시간에 맞춰 임시로 착륙해야 했다. 썰물 때 드러나는 해변은 단단하고 평평해 자연 활주로처럼 활용되지만, 바닷물과 모래는 언제나 예측할 수 없는 변수였다.

비행기는 조심스럽게 사곶해수욕장에 착륙했지만, 해변 상태는 생각보다 좋지 않았다. 모래밭 아래 얕은 물이 덜 빠져 있었고, 바퀴가 빠지며 기체는 크게 흔들렸다. 급하게 착지한 탓에 동체는 크게 찢어지고, 날개 일부도 파손되었다. 당시 찍힌 사진에는 동체 측면에 커다란 찢김이 나 있고, 수면에 반쯤 잠긴 기체가 위태롭게 서 있었다.

기장님은 신속하게 기체에서 내려 주변 상황을 살피던 중, 얕은 물 위에서 그만 미끄러져 다리를 접질리고 말았다. 응급 장비도 충분치 않은 상황이었지만, 남편은 기계체조로 단련된 탄탄한 몸 덕분에 가볍게 착지했고, 침착하게 기장님의 상태를 살폈다. 이어 기내에 비치된 빨간 약으로 응급처치를 해드렸는데, 그 약이 남편의 팔에도 묻어 있었던 것이다.

당시를 회상하며 남편은 말했다. "비행기는 반쯤 바다에 잠기고, 동체는 찢겼지만… 그래도 다들 무사해서 다행이었어. 기장님도 치료받고 잘 회복하셨고."

나는 그 말을 듣고서야, 그날 남편이 얼마나 위태로운 상황을 묵묵히 감당했는지 깨달았다. 그는 늘 그랬듯 요란한 말 한마디 없이, 위험을 지나고 사람을 먼저 챙겼다.

백령도의 사곶해수욕장은 그날도 잔잔했지만, 남편이 다녀온 하늘길은 결코 고요하지 않았다. 그의 팔뚝에 묻은 빨간 약 자국 하나에서, 나는 조용하고 단단한 책임감과 따뜻한 마음을 읽었다. 묵묵히, 조용히, 그리고 늘 남을 먼저 생각하는 사람, 그 사람이 바로 내 남편이다.

- 백령도 사곶해수욕장에 비상 착륙한 수송기 -

리더쉽과 할머니

1965년, 현경이가 여섯 살이 되던 해였다. 처음으로 비행기를 탔던 날, 나는 아이의 손을 잡고 낯선 하늘 아래로 날아올랐다. 무엇 때문인지 알 수 없었지만, 비행기 좌석에 앉아 있는 내내 마음이 아려왔다. 아마도 설명할 수 없는 불안감이었을 것이다. 하지만 현경이는 마치 새처럼 깡충깡충 뛰며 들떠 있었다.

"엄마! 비행기야! 나 비행기 탔어!"

그 아이의 환한 웃음이 나의 무거운 마음을 덜어주었다. 그날이 국군의 날이었던가. 기억은 희미하지만, 그 순간의 공기는 아직도 생생하다.

두 번째 비행기를 탔던 것은 한여름 휴가 때였다. 해수욕을 위해 대구에서 포항으로 향하던 날. 남편은 그때 소령 계급이었고, 여러 가족이 함께한 여름 여행이었다. 남편은 인솔자 역할을 맡아 일정을 책임지고 있었고, 우리는 조종석 가까운 좌석에 앉아 있었다.

나는 조용히 창밖을 바라보며 비행의 설렘을 느끼고 있었다. 현경이는 곁에서 말없이 잠이 들었다. 평온해 보이는 기내가 갑자기 다른 긴장으로 가득 차기 시작했다. 조종사들이 앞좌석을 오가며 분주하게 움직였고, 그들의 표정엔 긴장감이 서려 있었다.

나는 숨도 제대로 쉬지 못한 채 그 장면을 바라봤다. 무언가 심상치 않다고 느끼면서도, 정확히 무엇이 잘못된 것인지 알 수는 없었다.

남편은 조용히 일어나 조종사들과 몇 마디를 나누고, 이내 단호하면서도 침착하게 최종 지시를 내렸다. 그가 무슨 말을 했는지는 들리지 않았지만, 그의 그 태도에서 나는 알 수 없는 안도감을 느꼈다.

그리고 우리는 별일 없이 포항에 도착했다. 그날 이후로도 아무도 그 상황에 대해 자세히 이야기하지 않았고, 그 일은 그냥 조용히 지나간 사건이 되었다. 하지만 이상하리만치 나는 불안하지 않았고, 두렵지도 않았다. 나는 남편을 믿었고, 그 믿음은 그 어떤 설명보다 더 확실하게 나를 지탱해 주었다.

오랜 세월이 흐른 뒤, 나는 어느 날 남편에게 그날

이야기를 꺼냈다. 그제야 남편은 그 비행 중 엔진 계통에 이상이 있었고, 조종사들이 긴급 체크리스트를 수행하느라 분주했던 상황이었다는 걸 조심스레 들려주었다. 엔진 한쪽이 잠시 출력을 잃었지만, 다행히 복구되었고, 자신도 조종사이므로 인솔자 자격으로 탑승한 상태였기 때문에 조종사와 함께 판단을 내리고 조용히 승객 보호 조치를 취했던 것이라고 했다.

- 당시 대구에서 포항으로 휴가를 떠나는 공군 가족 -

남편이 "당신은 모르게 지나간 게 다행이었어." 그 말에 나는 그날의 침묵이 오히려 얼마나 큰 배려였는지를 새삼 깨달았다. 나는 조종사의 아내로 살아오면서, 그 위험을 온몸으로 실감하며 살아본 적은 많지 않다. 아마도 그것은 우리 할머니 덕분이었을 것이다.

할머니는 늘 단호하게 말씀하셨다. "우리 손녀 순자는 다 잘될 거야. 걱정할 것 없다." 그 말씀은 어린 시절부터 내 마음속에 새겨져 있었고, 위급한 순간마다 그 말씀이 떠올라 두려움을 덜 수 있었다. 할머니는 내 인생의 길잡이였다. 당신의 삶과 말씀이 내게는 살아 있는 교과서였다. 학문적으로 많은 것을 배우진 못했지만, 그 누구보다 지혜롭고 분별력이 뛰어나셨다. 내 결혼조차도 어머니는 조종사와 결혼하는 것을 극구 반대하셨지만, 할머니는 완강히 밀어붙였다. "저 사람은 믿어도 돼. 네가 함께해도 후회하지 않을 거야." 그렇게 해서 나는 남편과 함께하는 삶을 시작할 수 있었다.

할머니는 확신이 들면 절대로 물러서지 않는 분이셨다. 누구도 그분의 뜻을 거스를 수 없었고, 지나고 보니 할머니의 판단은 옳았다.

남편은 평생을 정직하게, 바르게 살았다. 그는 어린 시절부터 가난 속에서 자라 검소함이 몸에 배어 있었고, 때로는 그 절약이 짠할 정도였다. 나는 그런 그의 생활방식에 때로는 숨이 막히기도 했고, 매우 힘들기도 했다. 하지만 지금 돌아보면, 그 검소함이 바로 우리 가족을 지탱한 주춧돌이었다는 사실을 깊이 깨닫게 된다. 그 사람이 떠난 지금, 그 빈자리는 헤아릴 수 없이 크고 깊다.

이제야 비로소 그가 얼마나 소중했는지, 그의 삶이 우리에게 어떤 의미였는지를 뼈저리게 알게 되었다. 아마 내가 먼저 떠났다면, 이 사실을 끝내 알지 못한 채 삶을 마감했을 것이다.

그래서 나는 문득 이런 생각을 해본다. 하느님께서 나를 더 사랑하셔서, 이 소중한 깨달음을 먼저 얻고 오라 하시며 그 사람을 먼저 데려가신 건 아닐까 하고.

 2,000시간 무사고 비행

1966년 11월 어느 맑은 날이었다. 그날 아침, 남편은 정복을 단정히 차려입고 집을 나서면서 "오늘은 기념사진 찍는 날이야."라고 조용히 말했다. 남편은 늘 말이 많지 않았고, 대단한 일도 그냥 지나가는 바람처럼 흘려보냈다.

그날 남편은 C-46 수송기 2,000시간 무사고 비행을 달성한 공로로 공군에서 표창을 받았다. 겉으로는 담담해 보였지만, 그 숫자가 가진 무게를 나는 알고 있었다.

2000시간, 그것은 단순한 시간이 아니라 수백 번의 이착륙과 수백 번의 긴장과 수백 번의 무사 귀환을 의미했다. 그러나 그는 한 번도 "힘들었다"거나 "두려웠다"라고 말한 적이 없었다.

하지만 나는 알았다. 비바람이 몰아치던 날에도, 엔진 소리가 평소와 다르던 날에도, 심지어 맑은 날이었지만 바퀴가 나오지 않아서 우리 집 상공을 맴돌았을 때도 그는 자신보다 승객과 승무원의 생명을 먼저 생각했다.

아이들에게 표창을 보여 주면서 의미를 설명하였더니 "우리 아빠는 하늘을 2천 시간이나 날았대!" 하며 자랑스러워하였다. 그 말을 듣고 나는 조용히 미소 지으며 말했다. "그래, 그리고 한 번도 사고 없이 돌아왔단다. 그게 정말 대단한 거란다."

그가 비행 나갈 때마다, 나는 문을 닫으며 기도했다. "무사히 돌아오게 해주세요. 오늘도 살아서 돌아오게 해주세요."

그의 2천 시간은 단지 비행 기록이 아니었다. 우리 가족에게는 수백 번의 기도였고, 수백 번의 안심이었다, 하늘 위에서 그는 조국을 지켰고, 지상에서는 가족의 웃음과 평온을 지켜줬다.

그리고 그날 기념사진에서 정복을 입고 환하게 웃고 있는 남편을 볼 때마다 나는 속으로 말했다. "여보, 당신은 하늘을 난 사람이 아니라, 하늘을 믿고 책임을 다한 사람이었어요. 사랑하고 존경해요"

- 노재성 소령(앞줄 좌측 첫 번째) -

C-46D 2000시간 무사고상속며

15A 11月

가난했지만 행복했던 시절

결혼하고 10여 년 동안 이사를 자주 다녔다. 생활이 넉넉하지 않아 고생도 많았다. 그래도 아이들의 여름옷을 직접 지어 입히고, 겨울이 되면 스웨터를 손수 떠 주었다. 당시에는 모두가 그렇게 사는 줄 알았다.

그래도 주말이면 온 가족이 강변으로 나가 모래 장난도 하고 낚시도 하며 시간을 보냈다. 특별한 준비 없이도 즐거웠다. 짜장면 한 그릇만으로도 얼마나 기뻤는지 모른다. 그 시절에는 사소한 것도 모두 행복이었다.

남편이 월급을 타오면 나는 봉투를 꺼내 항목별로 나누어 정리했다. 월세, 식비, 학용품, 비상금 등 용도별로 돈을 넣고 가계부에 끼워두었다. 그렇게 계획을 세워도 한 달이 지나면 늘 부족했다. 나는 내가 살림을 잘 못한다고 자책하곤 했다.

그러나 돌아보면, 그 시절은 참 따뜻한 시간이었다. 가진 것은 적었지만 서로 아껴주고 버텨낸 시간 속에서 가족은 더욱 단단해졌다.

대봉동 우리 집

월남전이 시작되고, 남편은 공군 조종사로서 늘 작전에 투입되었다. 한번 집을 나서면 닷새는 기본이었다. 처음엔 서운했지만, 그것이 공군 아내의 삶이라 생각하며 살았다.

아이 둘을 키우며 정신없이 지냈지만, 다행히도 친정엄마가 대구 시내에 살고 있었고, 동생도 큰 힘이 되어주었다. 고단했지만 외롭진 않았다. 아슬아슬한 하루하루였지만, 작은 것에 웃고, 버틸 힘이 생기던 시절이었다.

1968년, 드디어 결혼한 지 9년 만에 대봉동에 남편 이름이 적힌 집을 샀다. 마당이 있고 대문이 있는 집, 처음엔 믿기지 않았다. 남편의 이름 석 자가 적힌 문패를 대문에 달면서 눈물이 핑 돌았다. 나는 "이제, 정말 우리 집이야…" 그 말을 속으로 몇 번이나 되뇌었는지 모른다. 마당 뒤편 장독대 사이를 오가며 된장 뚜껑을 열어보는 일조차 즐거웠고, 몇 날 며칠은 들뜬 마음에 잠도 오지 않았다. 가난해도, 지쳐도, 집이 있다는 것만으로 마음이 편안해졌다.

그 집은 화려하지도, 크지도 않았지만, 우리에게는 세상 무엇보다 소중하고 귀한 공간이었다. 지난 세월이 파노라마처럼 떠올랐다. 열 번 가까이 이삿짐을 싸고, 이 거리 저 골목을 전전하며, 남의 집 처마 밑에서 살아야 했던 서러운 기억들. 그 모든 시간이 나에게 단단한 다짐을 하게 만들었다.

'언젠가 내 집을 가지게 되면, 설령 방 하나를 남에게 세를 놓을지라도 내가 겪은 서러움을 결코 그들에게 겪게 하지 않겠다. 나는 세입자에게 따뜻한 주인이 되겠다.' 셋방살이의 고단함은 그 길을 걸어본 사람만이 안다. 낯선 벽에 기대어 사는 불안함, 눈치 속에서 지켜야 했던 조용한 일상, 언제 또 짐을 싸야 할지 모르는 불안한 나날들.

그 모든 것이 내게 깊은 교훈이 되었고, 나를 더 단단하게 만들었다. 그래서 우리 가족이 드디어 '우리 집'에 살게 되었을 때, 비록 넉넉한 삶은 아니었지만, 나는 세상의 그 누구보다 행복했다. 그 집은 우리 가족에게 단순한 공간이 아니었다. 그것은 우리가 함께 울고 웃으며, 견뎌온 시간의 결실이었고, 서로를 믿고 지켜낸 사랑의 집이었다.

그 집에서 막내가 태어났다. 당시 집을 사서 막 이사를 왔기에 형편이 쪼들렸다. 남편이 큰맘 먹고 아기 우유를 세 통 사 왔는데, 한 통은 팔아야 할 정도였다. "이거라도 먹여야지…" 하면서 우유 통을 안고 서성이던 그 밤이 아직도 잊히지 않는다.

3월, 큰아이가 초등학교에 입학하던 날. 나는 입이 귀에 걸렸다. 마치 장원급제를 한 사람처럼 마음이 들떠 있었고, 둘째도 함께 따라나서겠다고 해서 셋이 함께 길을 나섰다. 바람이 몹시 차가운 날이었다.

학교로 가는 골목길에서, 한 슈산보이(구두닦이 소년)가 구두를 닦고 있었다. 옷이 다 해져 속살이 보이고, 손등이 벌겋게 얼어 있었다. 가슴이 철렁 내려앉았다. 몇 걸음을 더 걷다가, 나는 멈춰 섰다. "안 되겠다, 그냥 지나갈 수가 없네." 남편이 없는 동안에도 우리 집엔 늘 비상전화가 있었기에, 나는 집 주소를 그 소년에게 적어 주며 말했다. "12시 전에 우리가 집에 도착해. 꼭 와. 옷이라도 주고 싶어."

남편에게 전화를 걸어 사연을 전하자, "올 거야. 기다려 봐." 그는 짧게 말했지만, 말끝에 따뜻한 신뢰가 묻어 있었다.

정말 12시가 조금 넘자, 그 소년이 집 대문을 살짝 열고 들어왔다. 눈이 마주쳤을 때, 얼마나 반가웠던지. 혹여 자존심이 상할까 싶어 조심스레 연탄불 위에서 데운 물을 떠다 씻기고, 속옷부터 윗도리, 바지, 양말, 운동화까지 모두 내어주었다. 발이 커 운동화는 꺾어 신으라고 하면서, "혹시 나중에 군대 갈 때 보증이 필요하면 우리 집으로 와." 그렇게 말했지만, 그는 다시 오지 않았다.

지금 같으면 낯선 이를 집에 들인다는 게 두려웠겠지만, 그때는 겁이 없었다. 아니, 그보다는 마음이 앞섰다. 나 역시, 늘 없는 사람을 돌보던 할머니 손에 자랐기에, 그 마음이 당연하듯 몸에 배어 있었던 것 같다.

그 대봉동 집에선 그렇게 몇 사람을 더 도왔다. 집이 따뜻하면, 마음도 따뜻해지는 법이었다. 사랑받던 날들, 그릇 하나에도 설레던 밤, 나는 예쁜 그릇을 좋아했다. 유일한 사치였다.

어느 날, 남편이 오키나와 출장을 다녀오며 예쁜 홈세트를 사 왔다. 상자를 여는 순간 눈이 반짝였다. 남편이 잠든 밤, 나는 슬그머니 일어나 그릇 하나하나를 꺼내 보고 또 보았다. 손끝으로 문질러 보고, 빛에 비춰보고, 혼자 웃음이 나서 어깨를 들썩였다. 그 작은 그릇조차,

내겐 사랑의 증거였다.

지금은 혼자지만, 추억은 언제나 그이와 함께였다. 그 시절이 정말 행복했다. 지금도 그립다. 지금은 그 사랑하는 사람도, 그 따뜻했던 대봉동 집도 곁에 없지만, 내 마음에는 여전히 그날들의 향기가 남아 있다. 이젠 나 혼자지만, 외롭기만 한 건 아니다. 손자, 손녀들이 내 곁에 있다.

남편은 떠나기 전, "내가 먼저 갈지 모르니, 아이들은 꼭 가까이 두자." 라고 말했다. 그 말대로, 아이들이 내 곁을 지켜 주고 있다.

나는 가끔 생각한다. 내가 대봉동 집에 살던 시절을, 그때는 모든 게 서툴고, 아무것도 몰랐지만… 그래도 참 행복했다. 웃음도 많았고, 울어도 금세 풀리던 그런 나날들이었다. 한 번, 정말 한 번만 대봉동 그 집을 다시 가보고 싶다. 대문을 열고, 장독대를 거쳐 마당 끝 감나무 밑에 서서, 그때처럼 말해보고 싶다.

"여보, 나왔어요.
나, 아직도 당신 생각 많이 해요."

보국포장

1969년, 남편은 수송기에 국회의원 수십 명을 태우고 대만으로 향했다. 목적지는 타이베이의 송산(松山) 공항. 송산 공항은 사방이 산으로 둘러싸인 분지 지형에 자리 잡고 있어 착륙 접근이 까다롭기로 유명했다. 그날도 마찬가지였다. 기체는 점점 대만 상공에 접근하고 있었고, 남편은 집중하며 기체를 조종하고 있었다.

그런데 갑자기 기상이 급변했다. 짙은 먹구름이 하늘을 뒤덮고, 강풍이 기체를 흔들었다. 레이더에는 공항 주변의 산세가 뚜렷이 드러났고, 착륙 코스는 조금만 빗나가도 산을 스칠 수 있는 구조였다. 게다가 치명적인 문제가 발생했다. 쌍발기의 한쪽 엔진이 갑자기 멈춘 것이다. 기체는 서서히 고도를 잃으며 흔들리기 시작했다. 객실 안에는 정적이 감돌았다.

얼마 전, Far Eastern Air Transport 소속의 Herald 여객기 한 대가 송산 공항 접근 중 추락했다는 뉴스가 생각이 났다. 여객기는 엔진 고장으로 인근 산악지대에 추락했고, 탑승자 전원(승객 32명과 승무원 4명)이 그 자리에서 목숨을 잃었다는 참담한 내용이었다.

일부 의원들은 눈을 감고 두 손을 모았고, 어떤 이들은 고개를 숙인 채 아무 말도 하지 못했다. 비상 전원을 켜고 엔진 재시동을 시도했지만, 실패였다. 남편은 깊은 숨을 들이쉬며 결심했다. 남은 한 개의 엔진만으로, 이 악조건 속에서 활주로를 찾아내야 했다.

밖은 온통 회색 장막이었다. 시야는 거의 제로에 가까웠고, 산자락은 어디서 튀어나올지 몰랐다. 남편은 손으로 조종간을 붙잡은 채, 긴장된 손끝 하나하나에 생명을 걸고 기체를 조정했다. "활주로가 보이지 않아… 지금, 이 각도로는 산에 부딪힐 수도 있어." 무전기로 들리는 관제탑의 유도마저 불확실했다.

그 순간, 남편은 직감적으로 결단을 내렸다. 기체의 진입 각도를 급격히 바꾸어, 좌측으로 날개를 기울였다. 기체가 기우뚱하며 휘청였고, 동체 아래로 산의 능선이 스쳐 지나갔다. 몇 초 차이였다.

그리고 마침내, 비로소 뚫린 구름 사이로 어슴푸레한 활주로의 불빛이 보였다. 남편은 기체를 밀어내듯 조종간을 밀며 비행기를 활주로 위로 유도했다. 착륙 바퀴가 지면에 닿은 순간, 거친 진동이 객실을 울렸고, 탑승자 모두가 안도의 숨을 내쉬었다. 부상자 하나 없이, 무사히 착륙한 것이었다.

드디어, 비행기가 멈추자, 객실에서는 자연스럽게 박수가 터져 나왔다. 국회의원 중 몇몇은 눈가가 젖어 있었고, 승무원들은 말없이 고개를 끄덕이며 서로의 어깨를 두드렸다. 남편은 평소처럼 조용히 캡에서 내려왔지만, 그날 그가 구한 것은 단순한 생명만이 아니었다. 그것은 신뢰였고, 책임감이었고, 한 사람 조종사의 품격이었다.

나는 그날 밤, 꿈을 꾸었다. 우리 부엌에서 장독대가 좀 떨어져 있었는데, 나는 간장 종지를 들고 장독대로 가 간장을 떠 왔다. 그런데 부엌에 들어서는 순간, 간장 종

지에 간장이 없었다. 잠에서 깨어 시계를 보니, 밤 3시경 이었다. 나는 꿈을 곱씹으며 제 나름대로 해몽을 해보았다. '간장이니까, 남편이 죽은 건 아니겠지. 기름이 샌 것도 아니고….' 그런 생각을 하면서도 이상하게 두렵지는 않았다.

다음 날, 이웃에 사는 남편의 동기생 집에 들렀더니, 남편 비행기가 고장 났다는 소식을 전해 들었다. 한국에서 부속품을 공수해 수리해야 하기에 며칠 더 머물러야 한다고 했다. 그리고 이틀 뒤, 대대장 부인과 동기생 부인이 우리 집에 놀러 왔다. 나중에 알고 보니, 내가 남편 걱정에 애가 탈까 봐 위로차 들른 것이었다.

나는 아무것도 모른 채 점심을 먹고 마루에 앉아 있었는데, 대문이 열리며 남편이 양손에 가방을 들고 마당으로 들어섰다. 순간 아무 생각도 나지 않았다. 다만 남편이 눈앞에 서 있는 게 너무도 반가워, 가방을 받을 겨를도 없이 달려가 그의 목을 껴안았다. 대대장 부인과 동기생 부인들이 우리 집을 들락거렸으나 무슨 이유인지도 모르고 말도 꺼내지 못한 채 속으로는 얼마나 걱정을 했는지 몰랐다.

그날 이후, 이웃과 친구들에게 종종 놀림을 받곤 했다. "현경이 엄마가 그렇게 정열적인 여자인 줄 몰랐어!" 그러고 나서 나는 남편의 존재가 얼마나 소중한지를 더 깊이 실감하게 되었다.

그로 인해 대통령께서는 남편에게 '보국포장'을 수여하셨다. 하지만 그 어떤 훈장보다 더 귀한 것은, 그날 살아 돌아온 생명들이 남편에게 보내 준 진심 어린 박수와 감사의 마음이었다.

 **베트남 전쟁 파병**

　막내가 태어났을 무렵, 월남(베트남)은 전쟁의 소용돌이 속에 있었다. 남편은 공군 수송기 C-46의 기장이었고, 한국과 베트남을 수없이 오가며 하늘길을 날았다. 그 긴 여정의 끝에, 그는 마침내 파월사로 발령받아 6개월간 대대장으로 베트남에 파병되었다.

　"파월사"란, 베트남 전쟁 당시 파병된 한국군을 총지휘했던 사령부(파월한국군지원단사령부)를 뜻하며, 남편은 이곳에서 지휘관(수송대대장)으로 6개월 동안 복무하였다.

　우리는 편지를 우편으로 보내지 않았다. 수송기를 타고 월남을 드나드는 믿을 만한 사람 손에 들려 보내고 받았다. 남편이 보내오는 편지는 대개 열두 줄도 되지 않았다. 나는 그 짧은 문장을 수십 번 되풀이해 읽었다. 그 안에 담긴 말투, 숨결, 체온… 이름 모를 슬픔과 그리움, 그리고 끝내 사라지지 않는 사랑이 거기 있었다.

　남편은 몇 달이 지나 가족이 몹시 보고 싶다면서 부

탁했다. "가족사진을 새로 찍어서 보내 줘."

나는 이틀 밤을 새워 현경이와 아들 둘의 스웨터를 손수 짜 입혔다. 새 옷을 사 입히는 건 생각조차 하지 않았다. 정성껏 뜬 실 한 올 한 올에 내 마음을 담았고, 그렇게 우리 넷은 사진관에 가서 한 장의 사진에 그리움을 눌러 담았다. 그리고 사진 뒤에 꾹꾹 눌러쓴 '사랑합니다.' 아직도 그날을 생각하면 가슴이 먹먹해진다.

나는 살면서 남편에게 사랑한다는 말을 입 밖으로 꺼내 보지 못했다. 그날 사진 뒤편에 적은 사랑한다는 말이 처음이자 마지막이었다. 당신이 가고 없는 지금, 들어 줄 사람도 없지만 나는 지금 소리쳐 당신을 사랑한다고 말할 수 있다. 당신이 하늘나라에서 내 소리를 들을 수 있으니까. 머지않은 날 하늘나라에서 만나요.

"사랑합니다. 재성 씨!"

- 베트남에 있는 남편에게 보낸 가족사진 -

사랑해요

- 가족사진 뒷면 -

    6개월은 참으로 길었다. 드디어 귀국 날짜가 정해졌다. 나는 대구에서 오빠, 그리고 내 동생의 남편과 함께 고속버스를 타고 김포공항으로 향했다. 공항에 도착했을 때, 마음이 두근거려 견딜 수가 없었다.

    그렇게 애타게 기다리던 남편을 드디어 마주하게 되었다. 게이트가 열리고, 그가 입국장으로 걸어 나왔다. 나는 망설임 없이 달려가 남편의 목에 매달렸다. 그토록 그리웠고, 그토록 반가운 얼굴이었다. 아마 그때 내 모습은 평소와 사뭇 달랐을 것이다. 항상 차분한 내가 온몸으로 그를 끌어안고 놓지 않았으니 말이다. 남편은 조금 놀란 듯했지만, 이내 부드러운 표정으로 나를 바라보았다. "당신에게 이런 면이 있는 줄 몰랐소." 말 몸속에 어색

한 미소와 사랑이 묻어 있었다.

그 무렵, 월남에서 돌아온 군인들은 TV며 전축, 라디오, 프라이팬, 밥솥 같은 것들을 한 보따리씩 사 오는 일이 흔했다. 하지만 우리 남편은 달랐다. 중고 시장에 들러 에어컨 하나와 찌그러진 프라이팬 하나를 사 온 것이 전부였다.

나는 그걸 보며 속이 상해 한참을 투덜댔다. 그런데 남편은 태연히 말했다. "나는 집에서 돈 가져간 게 아니라, 현지에서 아낀 달러로 샀소. 그게 얼마나 귀한 건데." 말은 그렇게 했지만, 나는 그 말이 얼마나 자랑스러웠는지 모른다. 가족을 위해 검소하고 책임 있게 행동한 그 모습이 지금도 눈부시다.

어느 날, 정비사 부인의 입을 통해 전해 들은 말이 있다. 참모 회의에서 다른 장교들은 말도 못 하고 조심스러워할 때, 우리 남편은 거리낌 없이 조리 있고 당당하게 발언했다고 한다. 자신의 판단에 책임질 줄 아는 모습이 존경스러웠다.

나는 그런 이야기를 들을 때마다, 아이들에게 늘 이렇게 말했다. "굳이 이름난 인물들을 본받지 않아도 된다.

너희 아버지, 또는 너희 할아버지처럼만 살아도 훌륭하다." 아들딸들은 함께 살아왔기에 그 마음을 알 것이다. 하지만 손주들은 잘 모를 수 있다. 그래서 나는 지금, 이 글을 쓰고 있다.

그가 남긴 삶을, 말없이 보여 준 신념과 사랑을 한 자 한 자 꾹꾹 눌러 기록하고 있다. 그의 삶이, 너희 모두의 마음에도 따뜻한 빛이 되기를 바란다.

- 베트남 파병 수송기 -

화랑무공훈장

1950년대 중반, 세계는 냉전의 소용돌이 속에 놓여 있었다. 그 중심에는 공산주의와 자유주의의 격돌이 있었고, 베트남이 그 격전지로 떠올랐다.

1954년 제네바 협정을 통해 북위 17도 선을 경계로 베트남을 남북으로 임시 분할하고, 2년 후 총선거를 통해 통일 정부를 수립하기로 합의한 후, 북쪽 호찌민의 베트남 민주공화국과 남쪽 베트남 공화국(남베트남)을 수립하였다. 서로 다른 이념과 체제를 지닌 두 정부는 통일을 향한 대립 속에서 결국 전면전을 피하지 못하게 되었다.

1955년 11월, 남베트남에 군사 고문단을 파견한 미국의 본격적인 개입을 시작으로, '월남전쟁'이라 불리는 이 전쟁은 20년에 걸친 긴 비극의 막을 올렸다.

북베트남은 소련과 중국 등 공산권의 지원을 받으며 무력 통일을 추구했고, 남베트남은 미국과 자유 진영 국가들의 원조를 받아 이를 막아내고자 했다. 남베트남 내에서는 북베트남의 지령을 받는 '베트콩'이 게릴라전과 테러를 일삼으며 사회 불안을 조장했고, 미국은 이를 진압하기 위해 점점 깊숙이 개입하게 되었다.

1964년 통킹만 사건을 계기로 미국은 대규모 지상군을 투입하였고, 1965년부터는 한국, 호주, 필리핀 등 동맹국들도 참전에 나섰다.

우리 대한민국도 미국의 요청과 당시 경제·군사 원조 조건에 따라 월남 파병을 결정하였다. 처음에는 비전투 병력인 기술지원단이 파견되었지만, 1965년 가을부터는 본격적인 전투 병력인 맹호부대(육군), 청룡부대(해병대), 백마부대(육군) 등이 차례로 파견되어 남베트남 중부와 남부 일대에서 치열한 전투를 벌이게 되었다.

남편은 1966년 9월, 공군 제5공수비행단 산하 항공지원단 은마부대의 조종사로 발탁되었다. 한국의 습한 늦여름 공기를 뒤로한 채 C-46 수송기에 올라탄 그날, 그의 가슴에는 설렘과 동시에 알 수 없는 긴장감이 서렸다.

사이공, 다낭, 껀터 등 베트남 전역을 행선지로 하는 비행은 곧 전장의 실상과 마주하는 여정이었다. 비와 땀으로 질척해진 활주로 위에서 그는 이미 몇 번이나 급박한 이·착륙을 반복했다. 한 번은 폭격으로 반쪽이 부서

진 활주로에 기수를 대야 했고, 의료 장치가 가동된 기내에서는 중상을 입은 장병들을 살려내기 위한 사투가 이어졌다.

매번의 임무는 삶과 죽음의 경계였다. 짙은 장마 구름 아래서 아군 특수부대의 투하 장소를 찾아 헤맸고, 한 움큼의 식량과 탄약이 담긴 낙하산이 안개를 뚫고 목표 지점에 안착했을 때, 지상에서 들려오는 함성에 그는 비로소 안도의 한숨을 내쉬었다. 그 순간이야말로 '하늘 위에서 생명을 건지는 일'이 얼마나 벅찬 사명이었는지를 뼈저리게 깨닫는 시간이었다고 회고했다. 그렇게 4년의 세월을 보냈다.

1970년 12월 31일, 은마부대에서의 마지막 임무를 마친 남편은 집에 잠시 들렀다가 다음날, 주월 한국군사령부 제5공수비행단 비행대에 파견되었다. 당시 월남전은 격전을 거듭하고 있었고, 수송기 조종사의 임무는 그 어떤 전투병과 못지않게 목숨을 담보로 한 일이었다.

남편은 주요 작전 지역인 꽝찌, 닌호아, 다낭 등지의 전선 최전방 임시활주로로 다수의 출격 임무를 수행했다. 낮에는 적의 대공사격, 밤에는 시계 불량이라는 이중의 위험 속에서도 그는 수십 차례 전방 수송 작전과 부상병

후송 임무를 완수하며, 아군과 연합군의 생명을 지켜내는 데 일익을 담당하였다.

특히 1971년 초, 적의 집중포화로 보급선이 끊긴 한 전방 부대에 단독으로 위험 공역에 진입, 낮은 고도로 활주로에 착륙해 탄약과 식량을 하역한 뒤, 환자 10여 명을 태우고 무사 복귀한 일화는 지원단 내에서도 회자되었다. 이 임무는 조종사의 침착함과 기량뿐 아니라, 죽음을 무릅쓴 결단 없이는 불가능했던 작전이었다.

이렇듯 남편의 비행대는 단순한 운송을 넘어, 전쟁의 물줄기를 바꾸는 공중 생명선이었다. 그의 탁월한 임무 수행은 주월사 공군지원단의 명예를 드높였고, 현지에서도 극찬을 받았다. 이 같은 공로로, 그는 1971년 6월 1일, 월남 현지에서 '화랑무공훈장'을 받았다. 당시 훈장 수여는 현장 전투 공적이 확인되어 즉시 수여된 특별 사례였다.

그는 훈장을 손에 쥐고 바라본 베트남의 노을이 그 어떤 찬사보다 무겁고도 따뜻했다고 하였다. 붉게 물든 구름 아래에서 그는 전우들의 얼굴을 떠올렸다. 먼 타국에서 전우들이 지킨 생명 하나하나를 떠안고 돌아온 남편은, 그날 비로소 '하늘 아래 동지가 곧 나의 가족'이라는 진리를 가슴 깊이 새겼다고 하였다. 화랑무공훈장은 나를 비행기 조종사가 아닌, 서로의 숨통을 틔워 준 형제애의 전사로서 기억하게 해주었다.

전쟁은 생각보다 길고 험난했다. 1968년의 구정 대공세로 미국과 남베트남에 큰 충격을 주었고, 전쟁의 주도권은 서서히 북베트남으로 기울었다. 결국 미국은 단계적으로 미군을 철수하였고, 1973년 파리 평화협정이 체결됨에 따라 우리 한국군도 철군 명령을 받아 본국으로 돌아오게 되었다.

그러나 전쟁은 끝나지 않았다. 미군이 떠난 뒤 남베트남은 결국 무너졌다. 1975년 4월 30일, 사이공이 함락되며 북베트남의 승리로 종결되었다. 수많은 젊은이가 목숨을 잃었고, 참전 국가들 역시 깊은 상처를 안은 채 전장을 떠났다.

월남전쟁은 우리 현대사에서 결코 가볍게 지나칠 수 없는 사건이었다. 한국은 참전을 통해 미국과의 안보동맹을 공고히 하고, 경제 지원을 발판 삼아 산업화의 길을 다질 수 있었지만, 고엽제 후유증과 전쟁의 상흔은 여전히 우리 사회 곳곳에 흔적을 남기고 있다.

서울 입성

　　1971년 가을, 대구 비행장 근처로 해가 지고 나면, 멀리서 군용기의 굉음이 들려왔다. 그 소리는 마치 내 심장 소리 같았다. 하루하루가 조심스러웠고, 평범한 일상이 아니었다.

　　남편은 그 무렵, 예전보다 훨씬 더 말수가 적어졌다. 평소에도 과묵한 성격이었지만, 그땐 유난히 더 그랬다. 어디에 다녀오는지, 누구를 태웠는지 묻지 않아도 나는 알 수 있었다. 그의 어깨 위에 새겨진 긴장과 책임감이 말보다 더 많은 것을 말해 주었다. 비행복을 입고 현관문을 나서는 그의 뒷모습은 언제나 단정했고 조용했다.

　　그러나 그 안에는 목숨을 건 사명감이 숨겨져 있었다. 그가 속한 부대는 사람들에게는 알려지지 않은, 소위 'VIP 비행대대'라고 불리는 특수 임무 부대였다. 그 누구도 쉽게 이야기할 수 없는 곳. 그곳에서 그는 누구보다 조심스럽고 치열하게 비행했다.

　　어느 날은 밤늦게 귀가한 남편이 "다음 주에 우리

부대가 김포공항으로 이전한다면서 이사 준비를 하라고 말했다. 군에서 서울에 관사를 배정하게 되므로 집을 구할 필요는 없고, 단지 이삿짐을 꾸리면 된다"라고 부언 설명했다.

나는 남편을 따라 처음 대구를 떠나 서울이라는 낯선 곳에 오게 되었다. 대구와는 차원이 다른 서울의 분위기에 마음이 매우 두려웠다. 이삿짐을 실은 8톤 트럭이 그렇게 큰 줄도 그때 처음 알았다.

다행히 공군에서 관사를 배정받아 이사했지만, 우리는 여전히 우물 안 개구리에 불과했다. 부대에서 집들이 하라고 성화해서 손님을 모셨는데, 모두 얼마나 멋쟁이들인지 눈이 부셨다. 손님들은 점심을 먹은 뒤에 화투판을 벌렸다.

나는 대구에서 5원짜리, 10원짜리 민화투만 치다가 서울에 와서 고스톱을 알게 되었다. 고스톱을 몰라 뒤에서 구경만 하고 있었는데, 주인이 '안 하면 안 된다'라며 가르쳐 주겠다며 졸라서 하게 되었고, 결국 돈을 다 잃었다.

그날 저녁 잠자리에 들었지만, 천장에서 화투장이 왔

다 갔다 하는 것 같아 잠을 이루지 못하고 뒤척이고 있었다. 남편이 왜 그러느냐고 물었고, 나는 할 수 없이 화투장이 어른거린다고 말했다. 그러자 남편은 "돈을 얼마나 잃었느냐, 내가 줄 테니 걱정 말고 자라"고 다독여 주었다. 지금 생각해 보면, 그 자상한 마음 씀씀이가 너무나 그리워 눈물이 났다.

VIP 조종사

[제주 귤]

1960년대는 아직 대통령 전용기가 정식으로 갖춰지지 않았던 시절이었다. 그때 박정희 대통령께서 휴가를 가실 때면, 군 수송기를 이용해 진해 같은 곳으로 이동하시곤 했다.

남편은 대통령을 모시고 비행을 마치고 돌아오는 날이면 언제나 평소보다 한결 더 단정한 모습으로 집에 들어서곤 했다. 그날도 마찬가지였다. 겨울 햇살이 엷게 드는 늦은 오후, 문을 열고 들어온 남편은 두 손에 묵직한 종이상자를 들고 있었다.

"이거 대통령께서 나눠주신 거야. 제주에서 막 올라온 귤이라네." 그는 조심스럽게 상자를 식탁 위에 내려놓으며 그렇게 말했다. 말끝은 짧았지만, 그의 표정은 사뭇 다정했고, 그 눈빛은 왠지 모르게 빛이 나고 있었다.

나는 순간 말없이 상자 뚜껑을 열어 보았다. 햇빛처

럼 노란 귤들이 가지런히 담겨 있었고, 껍질 하나하나가 윤기가 돌고 향이 짙었다. 귤 하나를 까서 아이들과 나눠 먹었다. 첫 조각을 입에 넣는 순간, 입안 가득 퍼지는 단맛에 놀랐다. 너무나 달고 향긋해서, 나는 말없이 눈을 감고 잠시 그 맛을 음미했다. 그건 단순히 과일이 아니었다. 그 안에는 남편이 하늘 위에서 수행한 임무의 자부심, 그가 대통령을 무사히 모시고 돌아왔다는 안도감, 그리고 우리의 평범한 하루에 스며든 특별한 감동이 담겨 있었다.

[한산모시]

　　어느 해 여름, 무더위가 한창 기승을 부리던 날이었다. 땀에 젖은 얼굴로 문을 열고 들어온 남편은 손에 꼭 쥔 보자기 하나를 조심스럽게 내려놓았다. 나는 그저 장바구니쯤 되려니 생각했는데, 남편은 자리에 앉기도 전에 서둘러 보자기를 풀며 낮은 목소리로 말했다.

　　"이건 육영수 여사님께서 하사하신 모시야."

　　그 순간 나는 눈을 크게 뜨고 한동안 말을 잃었다. 대통령 하사품이라며 계절 과일이나 쌀을 가져온 적은 있었지만, 여사님께 직접 선물을 받아온 것은 단 한 번도 없었기 때문이다. 그 사실만으로도 가슴이 쿵쾅거렸다.

　　나는 떨리는 손길로 보자기를 들추었다. 그 안에는 정성스레 접힌 한 필의 고운 한산모시가 있었다. 햇살을 머금은 듯 은은하게 빛나는 결, 손끝에 닿는 매끄럽고도 단단한 감촉, 그 속에는 분명 여사님의 단아한 마음과 기품이 고스란히 담겨 있었다. 단순한 직물이 아니라, 시대의 공기와 함께 전해진 귀한 마음의 선물이었다.

나는 말없이 그 천을 가슴에 꼭 끌어안았다. 마치 귀한 정인을 품듯이, 오랫동안 잊을 수 없는 벅찬 감동이 밀려왔다. 그날 이후로도 그 모시는 늘 내 마음의 한편을 지켜 주었다. 지금도 그 한산모시는 장롱 속 깊은 서랍 안에서 고이 잠들어 있다. 햇빛에 바래지지 않도록, 손길에 닿아 흐트러지지 않도록, 정성스레 접어 소중히 간직하고 있다.

세월이 흘러 이제는 남편이 곁에 없지만, 가끔 그 모시를 꺼내어 펼쳐보면 그 시절의 공기와 향기, 그리고 젊고 단정했던 남편의 모습이 조용히 내 앞에 되살아난다. 대통령을 모시며 분주하고도 긴장되던 시절, 그 속에서 전해진 생필품 하나, 천 한 필조차도 우리 삶에 얼마나 큰 의미와 울림을 주었는지, 나는 늦은 나이에야 비로소 깨닫게 된다. 그것은 단순한 천이 아니라, 한 시대를 함께 견뎌낸 우리 부부의 추억이자 삶의 증표이며, 다시는 얻을 수 없는 따뜻한 위로였다.

[금일봉]

어느 날, 남편이 비행을 마치고 돌아오더니 조심스레 하얀 봉투 하나를 내밀었다. "이게 뭐예요?" 하고 묻자, 남편은 잠시 숨을 고르더니 말했다. "오늘 대통령 각하를 모시고 지방을 다녀왔는데, 서울에 도착하자마자 나를 따로 부르시더니 '고생 많았소' 하시며 금일봉을 주셨어." 라고 말하였다.

이어서 남편은 금일봉은 혼자만의 몫이 아니라서 함께 비행한 크루들에게도 동일하게 나누어 주었다고 덧붙였다. 그러면서 "이건 당신 몫이야. 내가 마음으로 챙겨 두었어." 하며 내게 봉투를 건넸다.

나는 그저 뭉클한 마음에 "당신이 애써 받은 거니까 당신 마음대로 써요." 하며 조용히 그의 손으로 밀어 주었다.

그러자 남편은 내 눈을 바라보며 말했다. "나는 1호기 기장으로서 대통령을 모시고 다니며, 국가의 안위를 책임지는 사람이지. 그래서 일류 식당에서 최고의 음식을 접할 기회도 많고, 늘 특별한 대접을 받고 있어. 하지만 당신과 아이들, 또 내 동생은 그런 기회를 가질 수 없잖아. 오늘만큼은 내 사랑하는 가족에게도 그 대접을 해주고 싶어." 그 말에 나는 고개를 끄덕였고, 남편은 시동생과 딸, 아들을 데리고 함께 외출하자고 했다.

우리는 당시 대구에서 가장 유명한 중식당으로 향했다. 남편은 요리사를 따로 불러 메뉴에는 없는 특별한 요리들을 주문할 수 있느냐고 정중히 물었고, 요리사는 자신 있게 준비해 보겠다고 했다. 곧 몇 가지 요리가 나왔지만, 남편은 한 입 맛을 보더니 고개를 젓고 가장 비싼 요리를 다시 주문했다.

"이 맛이 아니야. 당신도 한 번 먹어봐." 하며 앞 접시에 덜어주었다. 나는 처음 접해보는 맛이었지만 내 입맛에는 제법 괜찮았다.

식사를 마치고 집에 돌아오자, 시동생이 한마디 던졌다. "형수님, 라면 있어요? 맛은 잘 모르겠고 양이 너무 적어서 배가 고파요." 남편도 웃으며 "그러게…" 하고는 기꺼이 라면을 끓여주었다. 두 사람은 후루룩거리며 라면을 먹었고, 이마에는 땀이 송골송골 맺혔다. "역시 얼큰한 라면이 최고네요." 시동생의 말에 모두가 웃음을 터뜨렸다.

그날, 나는 생전 처음으로 가장 비싼 요리를 맛보았다. 남편은 대통령 전용기인 1호기의 기장으로서, 비행 중 단 한 치의 실수도 허용되지 않는 막중한 책임을 지고 있었다. 수십, 수백 명의 목숨을 실은 비행뿐 아니라, 국가 최고지도자의 안전까지 책임지는 자리였다. 그런 위치에 있는 그가 자신의 명예나 특권을 내세우기보다, 늘 함께하는 승무원들의 노고를 먼저 생각했고, 소중한 가족에게는 그 특별한 순간을 나누고 싶어 했다.

"내가 받는 대접은 내가 잘나서가 아니야. 그건 내 자리 덕분이고, 그 자리는 결국 국가의 것, 국민의 것이야. 그러니 나와 함께한 이들에게도 그 혜택을 나눠야 맞지."

남편의 그 말이 내 마음에 오래 남았다. 당시엔 그저 한 끼 식사였지만, 그날의 따뜻한 배려와 조용한 책임감, 그리고 사랑이 담긴 그 손길을 나는 지금도 잊을 수 없다. 그날, 나는 남편의 품격과 깊은 사랑을 새삼 느꼈고, 그 마음에 눈물이 날 만큼 고마웠다.

- 대통령 전용기 노재성 기장(좌측)과 승무원 -

VIP 비행대장

남편은 20년을 공군 조종사로 나라를 위해 헌신했다. 그중에서도 가장 명예로운 자리는 VIP 비행대장이었다. 그 이름만 들어도 가슴이 벅차오르는 자리였다. 남편은 늘 말이 없고 담담했지만, 그 직책에 대해 누구보다 강한 책임감과 자긍심을 가지고 있었다.

그는 겉으로 드러내진 않았지만, 나는 알고 있었다. 하늘 위에서 대통령을 모시는 그 시간이 남편의 삶에서 얼마나 중요하고 영광스러운 일이었는지를. 내 남편이 대통령을 직접 모시고 있다는 사실 하나만으로도 나는 하루하루가 뿌듯했다. 누구에게 자랑하지는 않았지만, 그 마음속 자부심은 내 삶을 조용히 지탱하는 힘이 되었다.

1972년 1월, 남편은 공군 중령으로 명예롭게 전역했다. 그때의 남편은 군복을 벗었지만, 마음속 군인의 자세는 여전했다. 그는 전역과 동시에 민간항공사인 대한항공에 입사했고, 이후에도 대통령이 대한항공 전용기를 이용할 때면 늘 남편이 그 조종을 맡았다.

사실 남편과 대통령과의 인연은 훨씬 이전부터 시작되었다. 1961년 박정희 의장이 국가재건최고회의를 이끌던 시절부터, 1979년 대통령 서거에 이르기까지, 남편은 20년 가까이 한결같은 자세로 대통령 전용기를 조종했다. 군 시절이든 민간항공사 시절이든, 그는 늘 같은 마음가짐으로 조종석에 앉았다. 맡겨진 임무에 한 치의 흔들림 없이 최선을 다했다.

나는 그런 남편을 진심으로 존경했다. 남편의 길은 단순한 생계 수단이나 직업이 아니었다. 국가와 국민을 위한 조용한 봉사의 길이었다. 나는 그 곁에서 함께 살아온 아내로서, 내 삶 또한 자랑스럽고 당당하다고 느꼈다. 남편이 걸어간 길을 함께 걸을 수 있었다는 사실만으로도 내 인생은 충분히 빛났다.

남편은 늘 하늘 위에 있었고, 나는 늘 땅 위에서 그를 기다렸다. 비바람이 몰아치는 날에도, 새벽안개가 자욱한 날에도, 남편의 비행이 무사하기를 기도했다. 그가 무사히 돌아오는 순간마다 나는 마음속으로 안도의 숨을 내쉬었고, 조용히 눈물짓곤 했다.

지금도 그 시절을 떠올리면 마음 한쪽이 따뜻해진다. 남편은 자신을 영웅이라고 생각하지 않았지만, 내게 그는 진짜 영웅이었다. 말없이 사명을 다하던 그의 뒷모습, 매 순간 성실하게 조국의 하늘을 지키던 그의 모습은 지금도 내 기억 속에 선명하게 남아 있다.

그와 함께한 삶은 고단하기도 했지만, 더없이 소중했다. 그의 조종석 옆에는 늘 나의 기도가 있었고, 그의 뒷모습을 바라보며 살아온 나의 시간은 하나의 국가적 여정이었다. 나는 그 길 위에 함께 있었다. 그리고 그것만으로도 매우 행복했다.

- 비행대장 공군중령 노재성 -

공군 전역

[전역 배경]

　남편은 서울에서 생활하는 동안 조종간부 2기 출신으로 비행 실력은 뛰어났지만, 학벌도, 빽도 전혀 없었다. 후배들이 계속 치고 올라오는 모습을 보면서 남편의 앞날이 위태롭게만 느껴졌다. 1971년 말, 우리는 여러 번 고민한 끝에, 한직으로 밀려나면 죽도 밥도 안 된다고 판단해 전역을 결심했다.

　남편이 사령관을 찾아가 전역 의사를 밝혔더니, 사령관은 "안 된다"라며 1호기를 누가 조종하느냐고 붙잡았다. 대령까지는 무사히 진급할 것이고, 당신이 장군을 달 때 내가 힘써 줄 테니 그냥 남아 있으라고 회유하였다.

　그러나 남편은 "우리는 힘도, 빽도 없고, 남들이 이야기하는 융통성이란 것도 체질적으로 맞지 않으며, 게다가 별을 단다는 보장도 없다"라고 말하며, 꼭 제대할 수 있게 해 달라고 간절히 부탁했다. 대령을 달고 나면 민간 항공사로 옮기기 어려우니, 지금이 아니면 기회가 없다고도 했다.

남편은 여주 촌놈이라서 재주를 부릴 줄 모르는 성품이었다. 아무리 형편이 어렵더라도 비리나 융통성에 대해 전혀 관심이 없었고, 대쪽처럼 곧은 사람이라서 타협하지도 않았다.

무엇보다 남편은 마음속으로 이미 결심하고 있었다. 국가를 위한 비행도 의미 있었지만, 이제는 민간 항공의 시대가 열리고 있다고 판단했다.

당시 대한항공은 민영화 이후 국제선 확대를 위해 군 출신의 우수 조종사를 적극적으로 영입하고 있었고, 민항으로 나가면 세계 최첨단 항공기를 직접 조종하며 더 넓은 하늘을 누빌 수 있었다.

단순히 월급 때문이 아니라, 민항에서는 비행 그 자체가 경력으로 남고, 실력에 따라 대우받을 기회가 있었기에, 조종사로서의 삶을 이어가기 위해서라도 이직은 불가피했다.

또한 공군 내에서는 점차 지상 근무나 행정직으로의

전환이 예고되었고, 진급하지 못하면 비행대에서 물러나야 할 뿐만 아니라, 대령으로 진급하더라도 비행기 조종석을 떠나야 하는 분위기였다. 남편은 자신이 진정으로 할 수 있는 일은 하늘을 나는 것뿐이라며, 계속해서 하늘에서 살기 위해서는 군복이 아니라 조종복을 입어야 한다고 말했다.

그는 전역을 준비하며, 자기 기술과 경력을 바탕으로 민간 항공의 기틀을 세우는 데 보탬이 되고 싶다고 말하곤 했다. 조국을 위한 충성된 조종사였던 그는, 이제는 하늘길을 통해 나라를 세계로 잇는 새로운 사명을 품고 있었다.

[공군 실태]

1960년대 대한민국 공군이 급속히 현대화되고, 미군의 지원 아래 항공 전력의 기틀을 다지던 시기였다. 그러나 이러한 발전의 이면에는 어두운 그림자도 함께 드리워져 있었다. 급격한 군사력 증강과 정치적 불안정, 그리고 군부 중심의 권력 구조는 공군 내 여러 비리와 부정행위가 발생할 수 있는 토양을 제공했다.

가장 흔한 비리는 무기 도입과 관련되었다. 당시 공군은 미국과의 협력을 통해 다양한 항공기와 장비를 들여왔는데, 이 과정에서 일부 고위 장교들이 중간 업체나 외국 무기상과 결탁하여 리베이트를 챙기거나, 필요 이상의 장비를 도입해 예산을 부풀리는 사례가 있었다는 말이 군 안팎에서 돌았다.

물론 대부분의 거래는 국가 간 협정에 따라 이루어졌으나, 그 틈새를 이용한 부정은 쉬이 감춰지기 마련이었다.

또한 군수품과 연료 등 군 자재의 유용과 착복도 문제였다. 일부 부대에서는 불용품으로 분류된 장비를 민간에 불법으로 유출하거나, 고장 난 부품을 교체 명목으로 과다 청구해 차액을 빼돌리는 사례가 존재했다는 증언이 퇴역 장성들의 회고록을 통해 전해진다.

이처럼 군의 물자가 투명하게 관리되지 못하고 일부 개인의 사익을 위해 쓰인 일은 공군의 도덕성과 신뢰를 해치는 일이었다.

그뿐만 아니라, 진급과 보직 배치에서도 공정성은 때때로 무시되었다. 정권과의 친분, 출신 학교나 지역, 심지어 금품에 의해 인사가 좌우된다는 말이 나돌았고, 이는 젊고 유능한 조종사들 사이에 깊은 회의를 불러일으켰다.

실제로 당시 몇몇 조종사들은 자신의 기량이나 전투 경험보다는 배경이 중요하게 여겨지는 조직 문화를 안타깝게 회상하기도 했다.

이러한 비리는 모두 공군이라는 조직 전체를 흔들 만큼 대규모의 사건으로 남지는 않았지만, 군의 내부 기강을 흔들고, 장병들의 사기를 떨어뜨리는 데에는 충분했다. 특히 군이 국민의 신뢰를 바탕으로 존재해야 한다는 점에서 볼 때, 일부 고위 장교들의 비윤리적인 행위는 큰 문제로 남았다.

당시, 비행 수요는 많았고, 조종사는 부족하여 전역은 엄두도 못 낼 시기였다. 간혹 전역하는 사람들은 결함이 있거나 군대에서 하자가 있는 이들이 민항사에 가는 경우가 대부분이었다.

[전역]

남편은 월급을 많이 주는 민항사에 가서 아이들을 잘 키우고 싶다는 핑계를 대고 참모총장님과 참모차장님을 찾아가 간절히 부탁했다. 결국 1971년 말, 전역 허가를 받았다.

[대한항공의 영입 배경]

1969년 창립된 대한항공은 항공 산업의 국제화를 추진하며 기단을 대형화하고, 장거리 노선을 준비하던 시기였다. 무엇보다 조종사의 수준을 국제적 기준에 맞춰 끌어올려야 하는 절실함이 있었다.

당시 대한항공 운영본부에서는 "진짜 실력 있는 공군 출신 조종사를 영입하자"라는 목소리가 나오기 시작했는데, 그중 한 명으로 거론된 이가 바로 VIP 비행대장 노재성 중령이었다. 그는 공군 내에서 실력과 책임감으로 정평이 나 있었고, 특히 전투기와 수송기를 모두 능숙하게 조종할 수 있는 몇 안 되는 베테랑이었다.

그의 이름이 입에 오르내리자, 대한항공 인사부는 조심스럽게 회의를 열었다. "노 중령은 학벌도 인맥도 없지만, 실력 하나는 확실하다."라는 평가가 이어졌고, 무엇보다 그와 함께 공군에서 비행했던 동기생 몇 명이 적극적으로 추천에 나섰다. 그들은 "노 중령이 지금 공군을 나와야 우리 민항이 진짜로 든든한 한 축을 마련할 수 있다"라고 말하며 설득에 힘을 쏟았다.

특히 동기 중 한 사람은 직접 대한항공 측에 찾아가 "그 사람은 정직하고, 한번 맡은 일은 끝까지 책임지는 성품이라 민항 비행에 가장 적합하다"라고 강조했다. 나중에 알게 된 일이지만, 당시 그 동기생은 인사부 고위 간부 앞에서 "당신들, 진짜 파일럿을 원한다면 지금이 기회"라며 목소리를 높이기도 했다고 한다.

대한항공은 장거리 노선을 개설하고 국제 경쟁력을 갖추기 위해 유능한 조종사 확보에 사활을 걸고 있었다. 특히 수송기와 전투기를 모두 조종할 수 있는 조정간부 출신의 베테랑은 그 자체로 전략 자산이었다.

1971년 가을, 대한항공 본사 6층 회의실에서는 비공개 전략 인사 회의가 열렸다. 회의에는 당시 운영본부장, 인사부장, 훈련기획 담당 간부가 모두 참석했고, 그 자리에 조중훈 회장까지 모습을 드러냈다. 회장이 직접 인사 회의에 참석하는 일은 매우 이례적인 일이었다.

조 회장은 회의가 시작되자마자 조용히 입을 열었다. "지금 우리 항공사는 커지고 있어. 앞으로는 태평양을 건너고, 유럽까지 가야 해. 그런데 지금 우리 조종사들로는 어림없어. 진짜 실력을 갖춘 이들을 데려와야지."

운영본부장이 조심스럽게 입을 열었다. "회장님, 최근 전역을 고민하는 공군 조종간부 중에 '노재성 중령'이라는 인물이 있습니다. 후배들에게 존경받는 비행사고, 다룰 줄 아는 기종도 다양합니다. 무엇보다 VIP 조종사로서 책임감이 강하고, 인격적으로 매우 신뢰할 수 있는 인물입니다."

인사부장이 자료를 넘기며 덧붙였다. "동기생들 말로는 고지식할 정도로 원칙적인 사람이라고 합니다. 학벌도 없고, 백도 없지만, 전투기에서 수송기까지 다룰 줄 아는 파일럿은 흔치 않습니다. 지금 영입하지 않으면 타이밍을 놓칠 수 있습니다."

조 회장은 잠시 눈을 감고 생각에 잠긴 듯 고개를 끄덕였다. 곧 입가에 미소가 번지더니 조용히 입을 열었다. "그래, 그런 사람을 우리가 데려와야지. 이제는 배경이나 학연, 지연이 아니라 실력이 앞서는 시대가 되어야 해. 기술과 신뢰로 회사를 키워야 하지 않겠나."

그 자리에 모여 있던 임원들은 서로 눈빛을 주고받으며 고개를 끄덕였다. 이미 내부적으로는 결론이 나 있었다. "노 중령이야말로 점보제트 시대를 열 파일럿"이라는 의견이었다. 단순히 비행기를 잘 모는 조종사가 아니라, 새로운 항공 시대를 주도할 만한 기량과 배짱, 그리고 경험을 모두 갖춘 인물. 그가 없이는 대한항공이 세계 무대에 진출하기 어렵다는 판단이었다.

"노 중령에게는 우리가 먼저 손을 내밀자. 자존심이 강한 사람일수록 그 진심을 읽고 움직인다. 우리가 필요로 하는 사람은 바로 그런 사람이다. 외유내강, 겉으로는 부드럽지만 속은 단단하고, 무엇보다 기술로 승부하는 인물 말이야."

노 중령을 영입한다는 것은 곧 대한항공이 점보제트 시대를 맞아 세계 항공사들과 어깨를 나란히 하겠다는 선언이자, 회사의 도약을 알리는 신호탄과도 같았다. 회의 말미에 이르러, 조 회장은 의자에 등을 기댄 채 굳은 어조로 다시 한마디를 덧붙였다.

"대한항공은 사람을 보는 눈이 있어야 한다. 우리가 먼저 알아보고 모셔야 한다. 실력 있는 조종사 한 사람은 일반 조종사 백 명보다 낫다. 그 한 사람이 회사를, 그리고 시대를 바꾼다." 실력 있는 인재를 선점하는 것이 대한항공의 미래를 좌우한다는 확신이 담긴 선언이었다. 그렇게 회의는 마무리되었고, 대한항공의 새로운 시대를 여는 물줄기가 조용히 움직이기 시작했다.

공군과 노재성

[조국이 부른 하늘길의 시작]

1950년 6월. 25일, 한국전쟁이 터졌다. 경기도 여주 출신의 고등학생 노재성은 친구들과 경북 대구로 피난을 갔다. 낯선 곳에서 어린 나이에 굶어 죽느니 학도병으로 자원했다. 고등학교 3학년이던 그는 장교 후보생으로 선발되어 소위로 임관, 곧바로 낙동강 전선에 배치되었다.

그가 마주한 낙동강 방어 전선은 참혹했다. 포성 속에서 생과 사가 오갔고, 하루하루가 전투였다. 그러나 그는 흔들림 없이 조국을 지켰다.

1950년 9월, 유엔군의 인천 상륙작전이 성공하며 전세가 역전되자, 노재성이 속한 부대는 해산되었고 그는 고향으로 돌아올 수 있었다. 귀향 후 그는 여주농업고등학교에 복학하여 학업을 마무리했고, 제1회 졸업생으로 졸업장을 받았다.

하지만 전쟁은 여전히 계속되고 있었다. 조국의 하늘

과 땅이 불안정한 그 시절, 그는 다시 입대를 결심했다. 이미 육군 학도병으로 참전한 경험이 있던 그는 이번에는 하늘을 지키는 길을 택해, 공군 훈련병으로 입대하였다. 그러던 중, 훈련소 게시판에 붙은 한 장의 포스터가 그의 눈길을 끌었다.

'하늘을 나는 군인이 되어 조국을 지키자!'

그 한 문장이 그의 가슴을 뜨겁게 만들었다. 그는 주저 없이 지원서를 제출했고, 치열한 선발 과정을 통과해 1953년 3월 23일, 공군 조종간부 제2기생으로 최종 입대하였다.

당시 조종간부 제도는 공군사관학교가 완비되지 않았던 창군 초기, 조기 전력 확보를 위해 운영된 단기 엘리트 교육 프로그램이었다.

공군사관학교가 정식으로 개교한 1949년 이래, 사관생도 양성과 병행해 조종간부 제도가 시행되었고, 실질적으로 6·25 전쟁기 공군을 떠받친 인재풀의 중추였다.

노재성은 조종간부 제2기생으로 입교하여, 대한민국 공군의 심장에서 비행술과 리더십을 익혔다. 그는 1955

년, 경남 사천에 있는 공군제1훈련비행단(1FTS)에서 T-6 항공기를 몰며 최종 훈련을 마치고 정식 임관했다. 대한민국 공군 소위 노재성의 이름이 하늘 위에 기록된 순간이었다.

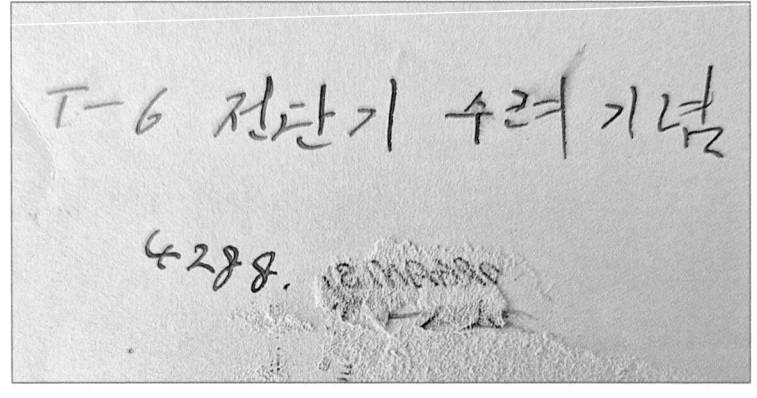

- 수료 앨범 속 노재성 -

[조종간부, 하늘을 연 선구자들]

1950년 한국전쟁의 참화를 딛고 일어서는 대한민국은 자주국방의 기틀을 마련하기 위한 중대한 과제에 직면해 있었다. 그중에서도 막 창설된 대한민국 공군은 아직 체계적인 장교 양성 시스템이 완비되지 못한 상황 속에서 조종 인력을 절실히 확보해야만 했다.

이에 따라 국가적 차원에서 고졸 이상의 학력을 지닌 유능한 청년들을 선발하여, 단기간 내에 비행교육과 군사교육을 병행하는 '조종간부' 제도를 도입·운영하였다.

이 제도는 공군사관학교가 안정적으로 정착되기 전까지, 공군의 핵심 전력인 장교와 조종사를 동시에 양성하기 위한 과도기적 체제였으며, 그 시기 대한민국 하늘을 지켜야 했던 공군의 현실을 고스란히 반영한 긴급하고도 실용적인 선택이었다.

그중에서도 조종간부 제2기생은 1953년 입대하여 1955년 12월 23일, 총 49명이 정식으로 임관한 세대로, 공군 역사에서 특별한 의미를 지닌 인물들이다. 이들은 정규 공사 출신이 아님에도 불구하고 단기간의 집중 교육과 철저한 훈련을 통해 조종사로 성장하였고, 전후 대한민국의 공중 방위와 작전 비행 임무에 중심축으로 활약하였다.

한국전쟁 이후 공군이 본격적인 현대화의 길을 걷는 데 있어, 이들은 전방의 비행전대와 주요 기지에서 실질적인 작전을 수행하며 조국 영공의 방패 역할을 묵묵히 감당했다.

그러나 이들의 공로는 단지 군 내부에만 머물지 않았다. 퇴역 후에도 이들 중 상당수는 민간 항공 분야로 진출하여, 이제 막 걸음마를 시작하던 국내 항공 산업의 성장에 결정적인 역할을 하였다.

대한항공이 오늘날 세계적인 항공사로 발돋움한 초창기 비행대 편성, 조종 체계 확립, 국제노선 개척 등 굵직한 변곡점마다 이들 조종간부 출신이 있었다. 비행의 기술뿐만 아니라 군에서 체득한 책임감과 공동체 정신은 민항에서도 큰 자산이 되었고, 그들은 하나같이 한국 하늘길의 개척자로서 '선구자'라 불릴 만한 발자취를 남겼다.

조종간부 제도는 이후 공사 제도가 정착되면서 그

임무를 마치고 역사 속으로 사라졌지만, 제2기생을 비롯한 조종간부 출신들이 남긴 족적은 지금도 대한민국 공군과 항공 산업의 뿌리이자 살아있는 전설로 평가받고 있다. 그들은 문자 그대로, 아무것도 없던 시대에 맨몸으로 하늘을 연 이들이었다.

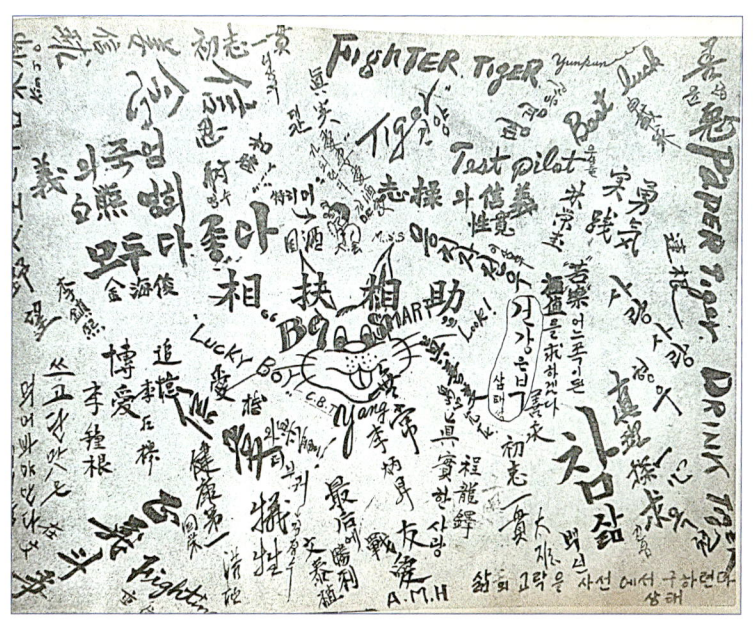

✈ 조종간부 제2기생의 현황(노재성 기장 기록)

□ 교육 및 훈련 과정

o 입대일 : 1953년 3월 23일 (공군 제2기 조종간부생)
o 입훈 선언 : 1953년 4월 4일
o 교육과정 :
   - 대전 : 항공군사학교
   - 진해 : 공군사관학교
   - 김해 : 기술학교
   - 대구 : 통신학교
   - 사천 : 제1훈련비행단

✎ 전국의 여러 훈련기관을 돌며 이론·실기·기술·통신·비행까지 전방위 군사교육을 소화한 '실전형 조종간부'였다.

□ 군대경력 : 비행단장 3명, 항로보안단장 1명

o 소장 2명, 준장 2명
o 대령 5명, 중령 21명
o 소령 15명, 대위 5명
o 중위 12명, 소위 2명

□ 민간 분야

  o 대한항공 국제선 기장 30명
  o 공군 비행교관 3명
  o 국제공항 관리 및 운영 1명
  o 학계
    - 사범대학 학장 1명 (문학박사)
    - 대학원장 1명 (경제학박사)
    - 교사 및 초중등교원 4명

□ 공직분야

  o 부지사 1명, 군수 1명, 읍장 1명
  o 군무원 5명, 경찰공무원 3명
  o 국가공무원 3명, 교정공무원 2명

□ 기타 분야 : 농업 2명, 목축업 2명, 공장경영 2명, 부동산업 1명, 직업소개소 1명

동기생 조종사 명단

○권창업

성 명	성 명	성 명
○ 김상태	정대관	김국영
김정수	○최병태	정용택
김중신	최윤섭	서상석
김진오	한창선	정낙훈
김해준	외 국	이상두
○ 고윤재	이재묵	강신구
곽창석	이진희	김석중
○ 노재성	홍성관	문태식
○ 유인수	황백선	이진섭
유형우	고 인	김영희
맹동섭	김순배	김인철
박연근	조선영	
신건양	안명호	49명
신재구	김옥천	
양수석	장동익	
오호극	김기웅	
○ 이병승	문상수	
이종근	우상술	
임영규	김동찬	
○ 장재문	정태웅	

○박재웅 오능익
○하원길

[수송기 부대]

　노재성 소위의 첫 부임지는 대구 제1수송전대였다. 전후 재건기에 창설된 공군 수송부대의 태동기였다. 병력과 물자의 이동은 공군력의 핵심 축으로 부상했고, 미 공군의 잔존 기체와 기술 지원 속에 한국 공군도 C-46, C-47 같은 기체들을 도입하며 수송망을 확대하고 있었다. 그는 창설 멤버로서 기체 점검, 작전 준비, 비행훈련까지 온갖 실무를 수행하며 부대를 만들어 갔다.

　대구는 그의 인생에서 또 하나의 중요한 전환점이 되었다. 군 복무 중 운명처럼 아내를 만났다. 두 사람은 사랑으로 가정을 이루었고, 대구는 단순한 거주지를 넘어, 하늘을 나는 조종사로서의 삶과 따뜻한 가족의 품이라는 두 세계가 조화를 이루는 소중한 터전이 되었다.

[VIP 전용기 조종사]

1961년 5월 16일 군사 정변 이후, 군 중심의 권위적 통치 체제로 재편된 신정부는 전반적인 국정 운영에 있어 군의 역할을 강화하였고, 각 군(軍) 조직 내부에서도 더욱 엄격한 기강과 통제를 요구하게 되었다.

특히 공군 내에서는 국가 지도자의 안전과 직결되는 항공 운항 부문에 대해 신뢰성과 정밀성을 최우선으로 삼는 체계적인 운영이 필요해졌고, 이에 따라 VIP 전담 조종사 체계가 더욱 철저하게 정비되었다.

이런 체제 속에서 노재성 대위는 뛰어난 수송기 조종 능력과 침착한 판단력, 그리고 책임감 있는 임무 수행 태도를 높이 평가받아 박정희 의장의 전담 조종사로 선발되었다.

이는 단순히 비행 실력만으로는 도달할 수 없는 자리로, 신뢰와 품성, 절대적 기밀 유지 능력이 모두 요구되는 중책이었다. 그는 이후 수년간 대통령의 하계 휴가 이동이나 지방 순시 일정에 항시 동행하며, 대통령 전용기를 조종하는 중책을 맡았다.

아울러, 노 대위는 경비행기에서부터 쌍발 수송기에 이르기까지 다양한 항공기를 조종하며, 단지 수송 임무를 넘어 청와대의 중요 기밀 업무를 공중에서 지원하는 등 공군의 핵심 조종사로 활약했다.

그의 이러한 임무 수행은 대외적으로 드러나지 않았지만, 대통령과 가장 가까운 하늘길을 책임졌다는 점에서, 그 신뢰도는 말로 표현할 수 없을 만큼 막중했다.

실제로 대통령이 어느 날 "자네라면 믿고 탈 수 있어"라고 말했다는 증언은, 노재성 대위가 보여 준 정밀한 조종 기술과 단 한 번의 실수도 없었던 철저한 책임감, 그리고 국가 지도자로부터 직접 받은 두터운 신뢰를 상징적으로 보여 주는 말로 지금까지 회자하고 있다.

[미공군 훈련]

　노재성 소령은 VIP를 모시기 위해, 미국에서 다시 훈련을 받게 되었다. 기체는 익숙한 C-54였지만, 이번에는 대통령 전용기로 특별 개조된 항공기였다. 외형은 같았지만, 내부는 완전히 달라져 있었다. 기내에는 최신 통신 장비와 보안 설비가 설치되어 있었고, 장거리 운항을 고려한 연료 시스템, 항공기 내 대통령 동선 확보와 비상시 대응 구조 등 모든 장치가 단순 수송기의 범주를 넘어서 있었다. 이 비행기는 단순한 조종 기술로 감당할 수 있는 기체가 아니었고, 국가원수의 안전과 국가 위신을 함께 실어야 하는 특별한 기체였다.

　이에 따라 노 소령은 1968년 미국으로 파견되었다. 수송기 자체를 새로 배우기 위해서가 아니라, 새롭게 개조된 대통령 전용기의 구조와 작전 운용 체계, 그리고 미 공군 기준에 맞춘 운항 절차를 익히기 위한 고급 훈련인 Aircrew Familiarization(C-54)' 과정이었다. 표면상은 조종사 인증 훈련이지만, 실상은 국제 항공 작전 환경 속에서 VIP를 수송할 수 있는 조종사로서의 역량과 책임을 검증받는 과정이었다.

미군 훈련은 철저했다. 노 소령은 이미 풍부한 비행 경험을 가진 조종사였지만, 그는 처음 비행을 배우던 때처럼 절차 하나하나를 다시 점검하고 익혔다. 모의 비상 상황 대응, 통신 두절 시 운항 판단, 미국 공역 내 작전 코드 적용 등 국제 작전 기준에 따라 움직이는 훈련은 그에게 있어 단지 복습이 아니라, 국가대표로서 자격을 증명하는 과정이었다.

그는 그 과정을 통해 단지 비행 능력을 다시 확인받은 것이 아니었다. 그보다 중요한 것은, 대통령이 타는 비행기의 조종석에 앉는다는 의미를 다시 받아들이는 마음가짐이었다. 훈련을 마친 뒤, 노 소령은 미국 공군으로부터 공식 인증서를 받았다. 그 수료증은 그의 실력을 증명하는 문서였을 뿐만 아니라, 대한민국 공군 조종사가 국제적 수준에서 국가수반을 실어 나를 수 있는 자격을 갖췄다는 신뢰의 표시이기도 했다.

귀국 후, 그는 다시 대통령 전용기의 조종석에 앉았다. 조종간은 익숙했지만, 마음가짐은 더욱 신중해져 있었다. 그의 손끝은 기체를 조종했지만, 그의 시선은 한 사람의 안전과 한 나라의 체면, 그리고 하늘 위에서 조용히 수행해야 할 사명의 무게를 함께 짊어지고 있었다.

[전장의 수송로 - 월남전 참전]

1966년 9월 19일, 노재성 소령은 공군 제5공수비행전대, 일명 '은마부대'에 배속되어 대한민국의 월남 파병 작전에 본격적으로 합류하게 되었다. 이 부대는 베트남 전쟁의 최전선에서 병력과 장비를 수송하는 중책을 맡은 공군 수송부대였다.

그는 1966년 9월부터 1970년 12월까지 무려 4년 3개월 동안, 한국과 남베트남 사이의 수천 킬로미터 하늘길을 수없이 오갔다. 이 기간에 노 소령은 환자 후송, 군수 물자 수송, 병력 이동 등 각종 임무에 헌신하며 매 순간 이 전장인 하늘에서 전투를 치렀다.

고열과 높은 습도의 열대 정글 기후, 낙후된 활주로, 불안정한 기지 여건, 그리고 언제 어디서 발생할지 모를 게릴라의 공격 위협까지 더해져 수송 임무는 말 그대로 목숨을 건 비행이었다.

1969년 6월에는 대한민국 국회의원을 태우고 대만 상공을 비행하던 중 기체에 치명적인 고장이 발생하는 아찔한 상황을 맞았으나, 침착하고 노련하게 대처하여 대만 공항에 무사히 비상 착륙하는데 성공했다. 이 뛰어난 공로로 그는 '보국포장'을 수훈하였다.

1970년 12월 31일부터는 주월사령부 산하 공군지원단 비행대에 배속되어, 사이공, 나트랑, 다낭, 쿠타이, 퀴논 등 월남 전역의 주요 군사기지를 누비며 공군 수송 임무를 수행했다. 그는 단순한 수송 임무를 넘어, 전장에서 생명줄 역할을 해내며 전우들의 목숨을 살리는 데 결정적인 기여를 했다.

이러한 공로를 인정받아, 노 중령은 1971년 6월 1일 '화랑무공훈장'을 수훈하였다. 이는 주월사 공군지원단의 명예를 드높인 탁월한 군공에 대한 국가의 공식적인 예우였다. 이어 1971년 7월 1일, 그는 영예롭게 귀국하며 4년 넘는 치열했던 전장의 하늘길에서 비로소 내려올 수 있었다.

✈ 공군과 노재성

- 1966년 01년 29일, 사이공 공수 작전 수행 -

공군과 노재성

제2부 KAL
(Korean Air Lines)

〈다완의 추억〉 노현경, 2023, 캔버스유화4F

조중훈 회장과의 첫 만남

　1972년 1월, 남편은 오랜 군 생활을 마무리하고 민간 항공의 세계로 첫발을 내디뎠다. 공군에서 다져진 풍부한 비행 경험과 강인한 책임감, 냉정한 판단력은 이미 누구도 부정할 수 없는 그의 자산이었다. 그렇게 그는 대한항공에 입사하여 국내선 부기장으로 새출발했다.

　며칠 뒤, 노재성 기장은 김포 본사로부터 호출을 받았다. 대한항공의 조중훈 회장이 직접 인사를 나누고 싶다는 것이었다. 갑작스러운 호출에 다소 놀라긴 했지만, 노 기장은 정갈한 정장 차림으로 본사 회장실로 향했다.

　회장실 문이 열리자, 온화한 인상의 중년 남성이 먼저 자리에서 일어나 손을 내밀었다. 조중훈 회장이었다. "노 기장님! 잘 오셨습니다. 기다렸습니다." 그의 첫마디는 딱딱한 인사보다 훨씬 따뜻하고, 인간적이었다. 노 기장은 약간은 몸을 낮춰 정중히 인사를 건넸다.

　"초대해 주셔서 감사합니다. 미력하나마 최선을 다하겠습니다."

조 회장은 손짓으로 노 기장을 소파에 앉히며 말을 이었다. "대한항공은 이제 막 첫걸음을 뗐습니다. 그래서 더 많은 걸 해낼 수 있지요. 우리는 조종사를 단순한 '비행 인력'이 아니라, 회사를 이끄는 동력이라 생각합니다. 특히, 노 기장은 큰 비행기를 몰 줄 아는 분이 아니라, 큰 방향을 아는 분이라고 믿어요."

노 기장은 그 말에 잠시 고개를 숙였다. 말없이 흐르는 순간, 조 회장은 담담히 덧붙였다. "기대가 큽니다. 앞으로 노 기장과 함께 대한항공이 세계로 나아갈 겁니다. 우리는 사람 하나에 모든 걸 겁니다. 그만큼 당신의 비행 인생을 존중하고 싶습니다."

순간, 노 기장의 마음에도 잔잔한 책임감과 자부심이 밀려들었다. 그는 단호하게 말했다. "이제부터 대한항공이 제 비행의 목적지입니다."

조 회장은 웃으며 고개를 끄덕였다. 그날, 회장실에서 마주한 두 사람은 단 한 번의 악수로 함께할 항로를 정했다. 그 항로는, 곧 하늘을 넘어 세계로 이어질 길이었다.

세계로 비상하다

　남편은 들어간 지 얼마 지나지 않아 기장으로 바로 승진했고, 이어서 국제선 부기장으로 발탁되었다. 항공사 내부에서도 이처럼 빠른 진급은 보기 드문 일이었다. 모두가 놀랄 만큼의 초고속 승진이었다.

　마침내, 입사한 지 채 10개월이 되기 전, 남편은 회사 역사상 전례 없는 일이라 평가받던 국제선 기장으로 임명되었다. 이는 단순한 승진이 아니었다. 대한항공 내부에서도 이처럼 빠른 발탁은 이례적인 일이었고, 이는 곧 남편이 가진 비범한 역량과 인품이 동시에 인정받은 순간이었다.

　게다가 그는 공군 시절, 대통령 전용기 1호기의 기장을 지냈던 인물이었다. 그런 이력이 있었기에, 대통령이 민항기를 이용할 때면 대한항공에서도 당연히 그를 조종사로 지명하곤 했다. 민간 항공에 몸을 옮겼지만, 남편의 존재는 여전히 국가를 대표하는 하늘의 사령관과도 같았다.

이처럼 파격적인 진급 뒤에는 단순한 비행 기술 이상의 무언가가 있었다. 남편은 하늘을 다루는 사람이었지만, 그보다 더 섬세하게 사람의 마음도 함께 조종할 줄 아는 사람이었다. 비행기의 성능만큼이나, 함께 일하는 동료의 안위와 감정을 배려했고, 어떤 상황에서도 침착함을 잃지 않았다.

특히 대만의 송산(松山) 공항에서 겪은 일은, 그의 조종 인생에서 하나의 상징 같은 사건이었다. 그날, 악천후 속에서 기체는 엔진 이상까지 겹쳤다. 누구라도 긴장하고 흔들릴 수밖에 없는 순간. 그러나 그는 침착했고, 기체는 그의 손에서 단 한 명의 인명 피해 없이 안전하게 활주로에 안착했다. 그 공로는 항공사 내부는 물론 외부에서도 높이 평가받았다. 송산의 하늘에서 그는 하늘의 질서를 지킨 자로 기억되었다.

그는 강직하면서도 따뜻한 성품. 그리고 어떤 위험 앞에서도 흔들리지 않는 판단력. 그런 사람이었기에 동료와 상사의 전폭적인 신뢰를 한 몸에 받았다. 그의 커리어는 단순한 빠른 승진이 아니라, 신념과 실력, 인품이 함께 만든 비행 항로 위의 기적이었다. 그가 걸어온 하늘길은 누구보다 높고, 누구보다 빛났다.

그리고 마침내 운명처럼 입사 1년 후, 그는 1973년 대한항공이 도입한 보잉 747의 기장으로 하늘을 날았다. 게다가 2년 뒤인 1975년, 그의 앞에 또 한 번 새로운 날개가 펼쳐졌다. 아시아 최초로 도입된 신형 항공기, 에어버스 A300이다. 이 기체는 유럽 항공기 제조사인 에어버스(Airbus)가 처음으로 아시아에 수출하였는데 대한항공의 비약적인 성장과 함께 민간 항공의 새로운 시대를 여는 상징이 되었다.

당시 대한항공은 보잉 747을 조종할 기장으로 남편을 선발했다. 그리고 불과 2년 후, A300 기장 선발은 더욱 까다롭고 신중했다. A300은 당시로선 생소한 기종이었으며, 조작 방식과 항공 전자 장비는 기존 항공기와는 전혀 다른 새로운 개념에 가까웠다.

남편은 정예 베테랑 조종사 중에서도 선발된 몇 안 되는 인물로, 유럽 현지에서 직접 교육을 받고 돌아와, A300 초창기 기장을 맡는 영예를 안았다.

나는 남편이 꿈같이 승승장구한다는 소식을 들을 때마다 조용히 자리에 앉아 마음을 가라앉히곤 했다. 눈을 감으면 늘 남편의 뒷모습이 떠올랐다. 어두운 새벽을 뚫고 출근하던 모습, 피곤할 만도 했지만 늘 단정히 입었던

유니폼, 그리고 퇴근길 짧은 미소 속에 담긴 묵직한 하루의 무게. 그 모든 장면이 내 마음에 고스란히 남아 있었다. 속으로만 되뇌었다. "정말 자랑스럽다." 그 마음은 크고 깊어 굳이 말로 드러낼 필요가 없었다.

남편의 성취는 사람들에게 떠벌릴 자랑거리가 아니라, 그 자체로 경외심을 불러일으키는 삶의 증거였다. 그래서 나는 굳이 소문을 내지 않고, 그저 담담히 웃으며 마음에 새겨 두었다.

이제 그는 공군 조종사의 길을 넘어, 대한항공의 기장으로 세계의 하늘을 누비게 되었다. 그의 이름은 하늘에 새겨졌고, 그가 비행하는 시간 속에는 우리의 삶과 시간이 함께 실려 있었다.

보잉 747 기장

1972년 늦가을, 회사로부터 한 통의 전화를 받았다. "노 기장, 본사로 바로 올라오시죠. 긴히 드릴 말씀이 있습니다." 무심히 받았던 그 전화가 남편의 인생을 또 한 번 바꾸게 했다고 회고하였다.

대한항공이 보잉 747을 도입한다는 소식은 이미 항공계 전체가 들썩일 만큼 큰 사건이었다. '점보제트기'. 세계 최대 여객기. 당시까지만 해도 우리는 보잉 707이나 DC-8 같은 협동체 항공기를 주로 몰고 있었다. 그런데 이제는 한 번에 300명 이상을 태우고 태평양을 건너는 거대한 새를 몰게 되는 것이다.

며칠 뒤, 조종사 후보자 면담이 있었다. 사내에서도 경험 많고 평판 좋은 기장들만 물망에 올랐다. 남편은 그 중 첫 번째 기수로 선발되었다. 보잉 본사가 있는 시애틀로의 교육 파견 통지서를 받았을 때, 그는 손이 떨렸다고 말했다. "드디어, 내가 이 거대한 새를 직접 조종하게 되는구나."

미국 시애틀에서 교육은 혹독했다. 영어는 물론, 4발 엔진의 조종 특성과 항공 전자 시스템, 그리고 수많은 긴급 상황 시뮬레이션. 특히 747은 기장·부기장·항공기관사 세 명이 협업해야 완벽하게 운용되는 복잡한 기종이었다. 초반엔 매일 밤늦게까지 매뉴얼을 붙들고 씨름했다.

그러나, 훈련이 끝날 무렵에는 마치 몸에 새겨진 듯 747의 조종간이 익숙해졌다. 마지막 시뮬레이터 평가에서 보잉 교관이 남편 어깨를 두드리며 말했다.

"캡틴 노, 당신은 진짜 조종사야. 한국 하늘에 747이 날게 될 날이 기대돼요."

1973년 봄, 드디어 대한항공에 보잉 747-200B가 처음으로 인도되었다. 당시 김포공항 활주로 끝에서, 남편은 부기장과 함께 거대한 동체를 바라보며 한참을 서 있었다. 은색의 점보 기체, 넓은 동체와 위풍당당한 콧날. 그날은 마치 꿈꾸던 어린 소년으로 돌아간 듯했다.

첫 상업 비행은 서울-도쿄-호놀룰루-로스앤젤레스(LAX) 노선이었다. 엔진이 힘차게 회전하며 활주로를 달려 오를 때, 조종석 안의 모두가 숨을 죽였다.

그리고 마침내, "Rotate!" (이륙할 때 조종사에게 기수를 들어 올리라는 신호) 라는 신호가 떨어지자 조심스레 조종간을 당겼다. 거대한 기체가 지상을 떼고 천천히 떠오르던 순간, 말로 다할 수 없는 전율이 온몸을 휘감았다고 했다.

그날 남편은 도쿄 나리타공항을 거쳐, 호놀룰루에서 연료를 보충한 뒤, 최종 목적지인 로스앤젤레스 국제공항(LAX)에 무사히 도착했다. 17시간이 넘는 장거리 비행이었다. 활주로 끝에 보이던 'LAX'의 하얀 글씨가 태평양을 건넜다는 사실을 실감 나게 해주었다.

1970년대에는 항공기 성능과 연료 효율, 안전 기준상 서울에서 미국 본토까지 직항으로 날 수 없었다. 태평양을 한 번에 건너기엔 아직 시대가 조금 이르던 시절이었다. 그래서 일본과 하와이를 경유하는 것이 현실적인 선택이었다.

남편은 LAX에 무사히 착륙을 마치고 부기장과 함께 계류장으로 나가, 거대한 보잉 747엔진 앞에서 기념사진을 찍었다. 그 순간만큼은 "우리가 한국인 최초로 점보제트기를 타고 이 하늘길을 열었다"라는 자부심으로 가슴이 벅차올랐다고 했다. 그는 그 사진을 조심스레 꺼내어 내게 보여 주며, 그날 비행을 독백처럼 말했다.

"우리가 비행한 거리는 무려 12,000km. 서울에서 지구 반대편 대륙까지 날아간, 전혀 짧지 않은 여정이었어. 그걸 내가 해냈어."

이어서, 남편은 LA의 숙소에서 창밖의 달을 오래도록 바라보다가 "여보, 내가 저 하늘을 진짜 열었어." 라고 속삭였는데 들었냐고 내게 물었다.

그 후로도 오랜 세월 그는 747의 조종간을 잡았지만, 그 첫날의 감격은 그의 기억 속에서 언제나 가장 선명한 비행으로 남아 있었다.

그리고 나는, 그런 말을 할 수 있는 사람을 남편으로 둔 것이 한없이 자랑스럽다. 그가 바라본 하늘, 그가 걸어온 길, 그 모든 순간이 나에게는 깊은 신뢰와 존경의 이유가 되었다.

- 1973년 보잉 747(서울→LAX), 노재성 기장(좌측) -

- 1973년 LAX 공항, 노재성 기장(좌측) -

에어버스(A300) 기장

1975년, 대한항공은 아시아 항공사 가운데 최초로 에어버스 A300 기종을 도입했다. A300은 세계 최초의 쌍발 광동체 여객기로, 당시 항공 업계에 큰 반향을 일으킨 최신 기종이었다.

광동체란 기체의 몸체가 넓어 복도가 두 개 있는 구조로, 더 많은 승객과 화물을 효율적으로 수송할 수 있게 해준다. 기존에는 주로 네 개의 엔진을 달아야 가능한 구조였지만, A300은 두 개의 엔진만으로도 실현했다. 쌍발 엔진으로 운항 비용은 줄이면서도 성능과 안전성을 확보했기에, 연료 효율성 측면에서 획기적인 진보였다. 당시 기준으로는 항속 거리, 탑재 능력, 승객 편의 등 모든 면에서 최상급 성능을 자랑했고, 대한항공이 국제 항공 시장에서 경쟁력을 갖추는 데 중요한 발판이 되었다.

대한항공은 이 기종을 도입하면서 조종사들을 유럽으로 보내 현지 교육을 받게 했고, 남편은 그 교육 선발대의 리더로 프랑스에 파견되었다. 새 기종의 조작 특성과 운용 철학을 누구보다 먼저 익혀야 했고, 나중에는 동료

조종사들을 이끌 책임도 함께 지고 있었다. 그러나 교육은 생각보다 쉽지 않았다. 훈련은 독일 교관이 맡았고, 강의는 독일어와 영어로 진행되었다. 생소한 언어와 낯선 방식에 조종사들은 애를 먹었다.

그때 남편이 조용히 교관에게 말했다고 한다. "제가 팀원들을 직접 가르쳐보겠습니다." 잠시 당황하던 교관은 고개를 끄덕였고, 남편은 우리말로 개념을 풀어 설명하며, 조작 절차와 기체 구조를 짚어 주었다. 실제 운항 경험과 이론을 연결한 설명은 조종사들에게 빠르게 이해되고 받아들여졌다. 결과적으로 교육 효과는 눈에 띄게 좋아졌고, 비행 교육도 기간 내에 성공적으로 마칠 수 있었다.

남편이 교육을 마치고 귀국한 지 얼마 지나지 않아, 그 독일 교관이 한국을 방문했다. 조중훈 회장과 함께한 자리에서 그는 남편 이야기를 꺼냈다고 한다.

"당신네 항공사에는 정말 훌륭한 조종사가 있습니다. 교육생이면서도 교관처럼 팀을 이끌었습니다."

그 말을 들은 회장은 그날 오후, 남편을 직접 호출했다. 남편은 다소 긴장된 얼굴로 회장실에 들어갔고, 회장은 따뜻한 눈빛으로 그를 맞이했다.

"정말 수고 많았네. 교관에게 자네 이야기를 들었네. 그렇게 모두를 잘 이끌었다고 하더군. 자네 덕분에 우리 회사가 유럽에서도 체면을 세웠어."

남편은 짧게 고개를 숙이며 감사 인사를 했지만, 표정 속엔 말로 다 담지 못할 자부심과 안도감이 담겨 있었다.

나는 그 자리에 함께 있진 않았지만, 그날 남편이 집에 돌아와 조용히 들려준 말투와 눈빛만으로도 모든 걸 느낄 수 있었다.

그 시절을 떠올릴 때면 나는 지금도 남편의 사진을 꺼내 들여다본다. 그 속엔 자신감과 책임감, 그리고 조용한 열정이 고스란히 남아 있다.

남편은 늘 말이 많지 않았지만, 언제나 자신이 있어야 할 자리에 있었고, 누구보다 묵묵히 자신의 일을 해냈다. 나는 아직도 그 고마움을 다 표현하지 못했다.

"당신, 정말 자랑스러웠어요. 그리고… 참 고마웠어요."

1975.08, 프랑스 툴루즈에서 대한항공 A300B4 인도식

1976년, 대한항공의 A300B4 홍콩 카이탁 공항

KAL과 함께 비상(飛上)

1969년, 민영 항공사로 새롭게 출범한 대한항공은 곧바로 '제1차 5개년 사업계획'을 수립했다. 그 계획은 단순한 경영 전략이 아니라 국가의 하늘길을 개척하겠다는 담대한 청사진이었다.

대한항공 제1차 5개년 사업계획(1969년 12월 수립) (대한항공 50년사)				
1970년 민항 체제 강화	1971년 국제 수준의 경영 규모	1972년 아시아 항공사 중 상위권 진입	1973년 국제 경쟁력 강화	1974년 세계일주 노선망 구축
• 일본 노선과 동남아시아 노선 강화 • 기술인력 확보	• 미주 노선 개발 • 자체 정비능력 확보	• 북극 경유 유럽 노선 개발 • 화물 사업 기반 강화	• B747 항공기 도입 • 지원 체제의 전산화	• 동남아시아 노선을 유럽까지 연장 • 주요 도시 판매지점 개설

그러나 비행 경험이 풍부한 민항 조종사는 턱없이 부족했고, 국제선 운항 능력을 갖춘 조종사는 더욱 찾기 힘들었다. 대한항공은 창립 초기부터 국제선 확대와 안전 운항체계 구축을 위해, 군 출신 베테랑 조종사들의 민항 전환을 적극 추진했다.

이 시기, 공군의 대형 수송기 부대에서 비행대장을

맡고 있던 노재성 중령은 탁월한 조종 실력과 책임감으로 이미 항공계에 널리 알려진 인물이었다. 특히 장거리·야간 비행에 강하고, 위기 대처 능력이 뛰어나 동료들 사이에서도 신뢰가 두터웠다.

대한항공은 남편에게 조종간을 맡아달라는 제안을 해왔다. 남편을 영입하기 위해 회사 내부에서는 여러 차례 논의가 있었고, 동기들의 설득도 있었다. 남편은 고민 끝에 제안을 받아들이기로 했다.

대한항공은 먼저 일본 노선을 기반으로 삼아 경험을 쌓고, 궁극적으로는 태평양을 넘어 미주, 유럽을 잇는 노선망을 구축하는 것을 목표로 삼았다. 세계 일주를 향한 포부는 당시로서는 거대한 도전이었지만, 대한항공은 이를 반드시 해내겠다는 의지가 있었다. 그 중심에 최신 대형 항공기 도입과 업무 전산화를 포함한 국제 경쟁력 확보 전략이 있었다. 그리고 그 실행의 선봉에 남편을 포함한 초창기 조종사들이 서게 된 것이다.

1971년 4월, 서울-도쿄-로스앤젤레스를 잇는 화물 노선이 개설되었다. 한국 항공 역사상 최초의 태평양 횡단이었다. 첫 비행의 화물은 대부분 가발이었다. 부피에 비해 가볍고, 당시 우리나라의 주요 수출품이었기 때문이다. 대한항공은 마침내 B707F 화물기가 태평양을 처음 건넜다.

그리고 1년 뒤인 1972년 4월 19일, 마침내 서울-도쿄-호놀룰루-로스앤젤레스를 잇는 여객 노선이 정식으로 개설되었다. 남편은 첫 비행에 투입되었다. 도쿄를 거쳐 하와이에서 급유하고, 로스앤젤레스에 도착했을 때 동포들이 태극기를 들고 우리 비행기를 맞이했다. 그들은 눈물을 흘리며 말했다. "이제 조국이 하늘길을 열었구나." 남편은 그날, 민항기 조종사로서 가장 가슴 뜨거운 순간을 맞이했다고 했다.

그 뒤로 대한항공은 미주 여객편을 직항으로 개편하고, 운항 횟수도 늘려갔다. 주 2회에서 시작된 노선은 주 6회까지 증편되었고, 남편 역시 이 중요한 비행들을 계속 맡아 조종했다. 당시에는 미지의 노선을 개척한다는 사명감 하나로 버텼다. 날씨, 항로, 승객, 기체, 모든 것이 불확실했지만, 우리는 묵묵히 날았다.

돌이켜보면, 그 시절은 단순한 항공 운항이 아니었다. 민간 항공의 초석을 놓고, 국가의 위상을 높이는 역사적인 임무였다. 대한항공이 국제 항공사로 도약하는 그 출발점에 남편이 함께했다는 사실이 지금도 자랑스럽다.

대한항공은 창립 초기부터 국제선 확대와 안전운항 체계 구축을 위해, 군 출신 베테랑 조종사들의 민항 전환을 적극 추진했다. 내부 회의에서 "노 중령이야말로 점보제트 시대를 열 파일럿"이라는 의견이 모였고, 대한항공은 그의 동기생을 통해 설득에 나섰다.

1973년, 대한항공은 아시아 항공사 최초로 보잉 747 점보제트기를 도입했다. 기존 항공기보다 두 배 이상 크고, 훨씬 더 복잡한 항전 시스템과 엔진을 갖춘 하늘의 거인이었다. 그만큼 조종사의 역량도 높아야 했고, 누가 이 비행기를 처음 몰게 될지는 큰 관심사였다. 그 주인공은 바로 노재성 기장이었다.

마침내 대한항공의 첫 747 항공기는 노재성 기장의 조종으로 시애틀에서 출발하여 김포공항에 착륙했다. 공항에는 정부 고위 인사와 언론, 대한항공 관계자들이 대거 나와 '대한민국 항공 산업의 새 시대'를 환영했다.

며칠 뒤, 그는 서울-도쿄-호놀룰루-로스앤젤레스를 잇는 첫 장거리 국제선 상업 비행을 맡았다. 기내에는 주요 외국 인사, 기자단, 일반 승객이 함께 탑승했고, 그 역사적인 항공편은 무사히 목적지에 도착했다.

이후 노 기장은 신기종 도입 시마다 시험비행과 교육체계 수립에 앞장섰고, 항공 안전 규정의 한국적 표준을 세우는 데 기여했다. 에어버스 A300, 보잉 767, 747-400 등 다양한 대형기 운항 경험을 바탕으로, 후배 조종사 양성에 기여했다.

그는 단순히 "비행을 잘하는 기장"이 아니라, "대한항공이 기장에게 요구하는 모든 덕목의 원형"이었다. 누구보다 먼저 새로운 항공기를 조종했고, 누구보다 늦게까지 조용히 책임을 다했다.

1990년대 초, 그는 정년을 앞두고 조용히 하늘에서 내려왔다. 공식 기록에는 15,000시간 이상의 무사고 비행, 수십 개국 장거리 노선 개척, 조종사 양성 기록이 남았지만, 그의 진짜 유산은 후배들이 이어받은 하늘에 대한 철학이었다. 그는 회사의 요청으로 정년퇴직 기간이 지나서 1년 연장근무를 하였다.

　누군가 말했다. "대한항공은 노재성 기장의 손에서 세계로 날아올랐다." 그 말은 과장이 아니었다. 대한항공이 국제 항공사로서 비상하기 시작하던 그 시절, 하늘 위에서 가장 먼저 날개를 펼친 이가 바로 노재성 기장이었다. 그가 조종간을 잡았던 첫 보잉 747은 단지 새로운 기종의 시작이 아니라, 대한항공이 세계 하늘길로 나아가는 첫걸음이었다.

　그로부터 수십 년이 지난 지금, 대한항공은 5개 대륙, 120여 도시를 오가는 글로벌 네트워크, 세계 3위권의 항공 화물 운송 능력, 그리고 최신 기종을 운용하는 항공 기술력과 안전 기준을 갖춘 명실상부한 국제 항공사로 성장했다. 그 출발점에, 조용히 책임을 다했던 한 기장이 있었다. 그의 비행은 곧, 한 항공사의 기준이 되었고 대한민국 항공 역사에 묵직한 이정표가 되었다.

1975. 3. 10. 서울-파리 직항 여객편 취항식

1973. 유럽의 관문, 파리 취항

미주 노선 개척에 이어 유럽으로 눈길을 돌렸다. 1973년 10월 6일 서울과 파리를 연결하는 화물 노선을 개설했고, 1년 반 뒤인 1975년 3월 14일에는 DC-10 여객기가 파리 오를리공항에 착륙했다. 유럽의 관문이자 세계 문화예술의 중심인 파리 여객 노선 취항으로 유럽으로 이동하는 승객에게 편의를 제공했으며, 한국과 유럽 간 교역과 문화 교류에도 이바지했다.

지옥 속에서 다시 핀 삶

1970년대 후반이었다. 알뜰살뜰 저축하며 한 푼 두 푼 모았지만, 결국 인생에는 '자기 그릇'이라는 게 따로 있다는 걸 뼈저리게 깨달았다. 아무리 아껴도, 운명의 흐름 앞에서는 무기력하게 무너질 수밖에 없다는 걸 알게 되었다.

그 시절, 큰딸 현경이는 고등학생이었고, 둘째는 중학생, 막내는 겨우 다섯 살이었다. 우리는 부푼 꿈을 꾸면서 새집을 짓고 있었고, 추석 후에 완공 예정이라 잔금을 준비해 두고 있었다.

그런데 한 지인이 급히 돈이 필요하다고 찾아왔다. 추석만 지나면 바로 갚겠다는 말에 믿음을 주었고, 결국 잔금으로 써야 할 현찰을 빌려주었다.

하지만 추석이 지나고도 돈은 돌아오지 않았고, 약속된 잔금을 치르지 못한 채 부도를 내고 말았다. 우리는 내 집 마련이라는 희망도 한순간에 물거품이 되었고, 남은 것은 빚뿐, 말 그대로 빈털터리가 되었다.

나는 남들 말처럼 그날 이후 죽음을 생각했었다. 그렇지만 죽을 수는 없었다. 억울해서. 누구보다 성실하게, 조심스럽게 살았는데… 죽고 나면 "돈 떼먹고 죽은 사람"이라는 말만 남을까 두려웠다. 그 오명조차 감당할 수 없고, 아이들을 봐서라도 살아야 했다.

그때 한 지인이 소식을 들었다면서 찾아왔다. 그렇게 망연자실하게 있기보다는 본인이 하는 일을 도와달라면서 현경이 엄마는 몸만 뛰면 된다고 했다. 너무 무너져 있었기에 선뜻 나서지 못했지만, 지인은 여러 번 찾아왔고 "나도 살고 너도 살자"는 말에 가슴이 움직이기 시작했다.

그러자 남편도 말했다. "어른이 청했으니, 집에 앉아서 거절하지 말고 정중히 찾아가서 말씀드리는 것이 좋겠다." 그 말에 등을 떠밀려 마지못해 찾아갔고, 결국 그분의 권유로 일을 시작하게 되었습니다.

앞이 캄캄했다. 생전 처음 해보는 일이었고, 아무것도 몰랐다. 괜히 수락했다는 생각에 가슴이 철렁했고, 며칠을 뜬눈으로 지새웠다. 하지만 망설인다고 달라질 것이 없다는 걸 깨달았을 때, 이렇게 죽든 저렇게 죽든 똑같다면 차라리 부딪쳐보자고 마음을 굳혔다.

지인이 동업하는 일은 가내 수공업이었다. 일본으로 수출되는 물건을 만드는 일이었는데, 내가 직접 배워야만 다른 사람들에게도 가르칠 수 있었기에 하루 종일 말하고 손을 놀렸다. 밤이 되면 숨을 쉴 힘조차 남아 있지 않았다.

당시 일을 하던 사람들은 대부분 산동네 주민이었다. 옥수동, 신림동, 장위동, 중계동 등 서울 변두리의 언덕 위에서 하루하루를 견뎌내는 사람들. 그들과 함께하며 나는 진짜 '삶'이 무엇인지 처음으로 배웠다.

그 산동네는 지금 생각해도 눈물겹다. 전기가 약해 집마다 트랜스를 달았고, 물은 공동수도에서 길어다 써야 했다. 버스도 다니지 않아 일일이 걸어 다녔다. 그러나 그 척박한 삶 속에서도 웃음이 있었고, 손에 흙이 묻은 사람들의 진심이 있었다. 내가 그들과 함께 만들고, 배달하고, 밤새워 바느질하며 흘린 땀방울들은 제 인생의 전환점이 되었다.

놀랍게도, 그렇게 시작한 일은 1년 만에 내게 기적을 안겨주었다. 평생을 갚아도 못 갚을 것 같던 빚을 단 1년 만에 다 갚고, 3년 후에는 다시 작은 집을 장만했다.

그때 깨달았다. 내 그릇이 크지 않다는 걸, 그러니 지나친 욕심은 화를 부른다는 진실을 알았다. 그 뒤로 나는 욕심을 내려놓고, 차곡차곡 다시 저축을 시작했다. 조금씩, 조금씩, 그러나 결코 멈추지 않고. 결국 더 큰 집을 사고, 시골에 전답을 사고, 서울에 상가도 마련하고, 농장도 손에 넣었다.

그렇게 다시 일어선 어느 날, 남편이 내 손을 잡고 말했다. "당신이 정말 고생 많았어. 우리 가족이 함께 버틴 덕분이지만, 그중에서도 당신 공이 가장 크오."

하지만 그 모든 것은 결코 쉽게 이룬 것이 아니었다. 목표가 있을 때마다, 그 목표를 이루기 전까지는 국수로 끼니를 때우고, 멸치 한 마리 넣지 않은 된장찌개로 허기를 달랬다. 아낄 수 있는 건 뭐든 아꼈다. 그 지독했던 절약이 지금의 나를 만들었다.

그 덕분에 나는 아이 셋을 결혼시키며, 모두 내 집 마련을 도왔고, 남편 생전에 작은 건물을 사서 자식들이 자립할 수 있도록 유산처럼 안겨줄 수 있었다.

어느 날 친구가 말했다. "나는 망한 적 없이 살아왔는데도 이렇게밖에 못 살았는데, 현경이 엄마는 그렇게 망하고도 더 잘살았구나." 그 말을 들으며 생각했다. 사람은 결국 자신에게 주어진 운명을 어떻게 살아내느냐에 달렸다고.

이제 나는 80대 후반을 지나는 나이이다. 남편은 3년 전 아흔 살에 먼저 하늘나라로 비상했고, 나는 그 자리를 지키고 있다. 손주들이 말하길 "우리 할아버지, 할머니는 세상 누구보다 훌륭하게 사셨다고." 그 말을 들을 때마다 가슴이 뭉클하다.

이제 더 바랄 것이 없다. 내 자식과 손주들이 우리의 삶을 자랑스럽게 여긴다는 것, 그것이야말로 내가 겪은 지옥과도 같던 세월을 충분히 보상받는 순간이라고 생각한다.

죽음을 넘어서 다시 살아낸 이 삶이, 이제는 누군가에게 위로가 될 수 있다면, 그 또한 축복일 것이다. 나는 그렇게, 다시 살아났다.

현경의 노래

　1979년 3월, 장녀 현경이는 숙명여자대학교 성악과에 입학했다. 그 소식을 들은 날, 문득 떠오른 건, 어린 시절 피아노 앞에 조심스레 손을 얹고 건반을 누르던 작은 손과, 바이올린 활을 어색하게 쥐고 줄을 긁던 앳된 얼굴이었다.

　현경이를 바라볼 때마다 성품은 아버지를, 손재주는 나를, 용모는 남편과 나를 꼭 절반씩 나눈 듯했다. 특히 아버지의 성품은 현경이에게 고스란히 스며 있었다. 겉으로는 온순하고 조용하지만, 속으로는 단단한 신념과 집중력을 지닌 모습이 꼭 그랬다.

　현경이는 무대 위에서도 들뜨지 않고, 실수 하나에도 자신을 돌아보는 태도가 늘 침착하게 조종석에 앉아 하늘을 읽던 아버지의 뒷모습을 떠올리게 했다. 말없이 책임을 다하던 아버지처럼, 딸도 자기 자리에서 묵묵히 최선을 다했다.

　나는 그런 모습을 볼 때마다, 이 아이의 재능은 단지

음악적 소질 때문만이 아니라, 아버지로부터 물려받은 깊은 성품 덕분이라는 생각이 들곤 했다.

현경이는 고등학교에 들어가서도 피아노와 바이올린에 꾸준히 매진했기에, 자연히 음악대학 진학을 염두에 두고 있었다. 그러던 어느 날, 학교 음악 선생님께서 조심스럽게 말씀하셨다.

"이 아이, 악기도 좋지만… 노래에 더 큰 가능성이 있습니다. 성악에 도전해 보면 어떨까요?"

나는 한 번도 생각해 본 적이 없던 제안이었다. 남편과 나는 밤늦도록 이야기했다. '과연 지금 시작해서 될까?', '현경이가 원할까?' 망설였지만, 막상 딸에게 물었을 때, 그 아이는 또렷이 고개를 끄덕였다.

"해보고 싶어요." 그 말 한마디에 우리는 마음을 굳혔다. 서울 시내를 수소문해 어렵게 성악 레슨 교수님을 찾았고, 조심스레 현경이의 노래를 들려드렸다. 피아노 반주에 맞춰 첫 소절을 부르자, 교수님의 눈빛이 달라졌다. "이 아이, 절대음감을 가졌습니다. 지금부터 제가 직접 지도하겠습니다. 두 달이면 충분합니다."

그날 저녁, 우리는 온 가족이 기뻐서 저녁밥도 제대로 먹지 못할 만큼 행복했다. 현경이는 매일 성실히 연습에 매진했다. 하루는 목이 쉬어 작은 소리조차 내지 못하면서도 레슨을 빼먹지 않았다. 그 열정과 꾸준함이 얼마나 대견하고 기특하든지.

입시를 며칠 앞두고, 레슨 교수님께서 조금은 뜻밖의 제안하셨다. "현경아, 이번엔 독일 가곡으로 가자. 슈베르트의 'Ave Maria'를 부르자꾸나."

"독일 노래요…?" 당시 입시생 대부분은 이탈리아 아리아나 한국 가곡을 택했기에, 현경이는 당황한 눈빛을 감추지 못했다.

교수님은 조용히 웃으며 말씀하셨다. "심사위원들도 하루 종일 비슷한 노래를 듣다 보면, 첫 소절만 집중하고는 그냥 흘려듣게 돼. 그런데 독일 가곡은 드물어서, 귀가 번쩍 뜨이거든. 잘만 부르면 주목받을 수 있어."

결국 현경이는 모험을 택했다. 익숙하지 않은 독일어 발음을 연습하고, 곡의 의미를 곱씹으며 매일매일 자신의 소리로 기도문을 빚어갔다.

그리고 드디어, 입시 날이 다가왔다. 나는 떨리는 마음으로 현경이를 숙명여대로 데려다주었다. 음악실 앞 복도에는 이미 많은 수험생과 부모들이 북적였다. 각자의 딸이 입시장을 나올 때마다 "정말 잘했어!", "합격은 떼놓은 당상이지!"라며 웃고 떠들었다. 하지만 정작 합격자 발표 날, 그렇게 확신하던 이름들은 명단 어디에도 없었다.

현경이의 순서가 되어 입실하기 전, 나는 조용히 딸의 어깨를 잡고 말했다. "평소처럼만 불러. 네가 사랑하는 노래니까."

잠시 뒤, 닫힌 문 너머로 흐르는 현경이의 노래. 낯선 언어로 울려 퍼지는 'Ave Maria~~~'는 정제된 기도처럼 맑고 단단하게 들렸다. 숨을 쉬는 것조차 아까울 만큼 맑은 음색이었다.

음악실 문이 열리고 현경이가 나왔다. 볼이 붉게 상기되어 있었지만, 입가엔 옅은 미소가 번져 있었다. 나는 그 모습 하나로 알 수 있었다. 이 아이, 오늘 마음껏 노래했구나. 수고했다, 말하며 어깨를 살포시 안아 주었다.

며칠 뒤, 마침내 '합격'이라는 두 글자가 교내 게시판에 걸렸다. 현경이의 독일어 노래가 또렷하게 심사위원들의 귀에 남았다. 순간 집 안이 숨을 멈춘 듯 조용해졌고, 곧이어 기쁨의 눈물과 웃음이 뒤섞여 터졌다. 현경이는 말없이 나를 안았고, 남편은 멀찌감치 창밖을 보며 눈을 훔쳤다. 그토록 바라던 순간이었다.

입학식 날, 봄바람이 교정을 가볍게 스치고 지나갔다. 현경이는 하얀 블라우스에 단정한 머리, 두 손엔 설렘과 다짐이 담긴 악보를 꼭 쥐고 있었다. 우리는 멀리서 그녀의 뒷모습을 지켜보았다. 더는 붙잡아 이끌 필요 없는, 이제는 자신의 길을 걸어갈 사람의 모습이었다.

그날 밤, 남편은 조용히 내게 말했다. "현경이 목소리… 꼭 누군가의 마음을 울릴 거야." 나는 그 말에 가만히 고개를 끄덕이며 속으로 기도했다.

'하느님, 이 아이의 노래가 사람들의 마음에 닿게 해주소서. 그 맑은 음색이 세상의 작은 위로가 되게 해주소서.'

그렇게 우리 딸의 노래는 봄과 함께 시작되었다.

15,000시간 무사고 비행 표창

1989년 3월 초, 저녁이었다. 남편은 평소보다 늦게 귀가했다. 현관문을 열고 들어서는 그의 손에는 묵직해 보이는 나무 상자가 들려 있었다. 그 안에는 반짝이는 기념패가 담겨 있었다. "비행 20,000시간 돌파 기념"이라는 문구가 눈에 들어왔다.

남편은 큰 소리로 말했다. "여보, 나 오늘 상 받았어. 이제 정말 하늘을 오래 누빈 모양이야." 그가 소파에 앉으며 건넨 말에는, 오랜 시간 하늘을 날아온 이의 깊은 자신감이 배어 있었다. 나는 패를 들여다보다가, 조용히 고개를 들어 남편의 눈을 바라보았다.

"당신, 2만 시간이면… 그게 몇 년이야? 하루 종일 비행만 해도 2년 넘게 걸리겠네." 남편은 웃으며 내 손을 가만히 잡았다. "그래서 그런가… 요즘은 계기판만 봐도 하늘이 맑은지 흐린지 느껴져. 기류의 결도 이제는 손끝으로 알 수 있어."

그날 밤, 우리는 늦도록 많은 이야기를 나눴다. 그의

청춘과 고단함, 고도와 방향, 수많은 야간 비행과 대통령을 태운 긴장의 순간들. 그가 지나온 하늘의 시간이 고스란히 내 앞에 펼쳐졌다.

그는 나지막이 말했다. "사실 공군 시절 비행시간도 제법 되지만, 그땐 전투기 속도가 워낙 빨라서 시간보다 임무의 긴장감이 더 컸지. 하늘 위의 시간과 지상의 시간은 같지 않아. 하지만 민항기 조종사는 달라. 비행시간이 곧 책임의 무게거든." 그의 말대로였다. 민항 조종사로 이직한 이후에도 그는 단 한 번의 사고 없이, 묵묵히 하늘을 지켜왔다.

1990년 8월 초, 남편은 또 하나의 표창패를 들고 왔다. "나 오늘, 15,000시간 무사고 비행 달성 표창을 받았어." 그 한마디에 나는 잠시 말을 잃었다. 그때 주방에서는 된장국이 보글보글 끓고 있었고, 시계는 저녁 7시 조금 넘은 시간이었다.

나는 솔직히 그전까지는 몰랐다. 하늘에서 15,000시간을 무사고로 비행한다는 것이 사람 하나의 삶을 얼마나 깊고 길게 깎아내는 일인지.

남편은 웃으며 덧붙였다. "이게 얼마나 힘든 건지

알아? 매일 3시간씩 비행해도 15년은 걸려. 그것도 단 한 번의 사고 없이. 기장으로서 내 생에 가장 뜻깊은 상이야." 그이의 말 속에는 긴장과 고독, 그리고 끈질기게 버틴 시간이 고스란히 담겨 있었다.

나는 그제야 느꼈다. 그가 매일 아침 정복 셔츠의 단추를 채우며, 얼마나 무거운 책임을 짊어지고 나갔던 것인지. 대한항공 기장 중에서도 이 표창을 받은 사람은 1~2%밖에 되지 않는다고 했다. 1990년 당시엔 단 10명 안팎이었다 한다. 하늘 위에서 그렇게 오래, 그렇게 무사히 날 수 있었던 이는 손에 꼽혔다.

남편은 그날따라 조용히, 그러나 또렷하게 자신의 과거를 내게 들려주었다. "공군에서 5,000시간 이상 비행한 조종사도 흔치 않아. 나는 한국과 베트남을 수십 차례 비행하였기 때문에 가능했어. 그리고 이번에 민간 항공에서도 안전 운항의 모범으로 인정받았지." 그 말에는 기술이 아닌 인생을 건 조종사의 자부심이 담겨 있었다.

이어서 "그건 단지 조종 실력 때문이 아니야. 동료를 믿는 마음, 부기장과의 호흡, 관제사와의 교신, 무엇보다 수백 명 승객의 생명을 짊어진다는 책임감이 있어야 가능한 일이야."

그이의 말을 듣는 동안 내 마음은 차분히 가라앉으면서도 먹먹해졌다. 그는 늘 조용했지만, 그 속에 얼마나 많은 절제와 집중이 숨어 있었는지를 나는 비로소 알게 되었다.

"오늘, 대한항공 조중건 사장님이 직접 표창패를 주면서 '기장님은 대한항공의 자부심입니다. 오랜 시간을 대한항공의 승객을 지켜 주셨습니다.'라고 말씀하셨지. 그 한마디가 지금까지 살아오며 하늘 위에 남긴 내 시간을 다 보상해 주는 것 같더라고."

그 말을 할 때 남편의 눈빛이 조금 흔들리는 것 같았다. 말을 마친 뒤 그는 가만히 소파에 앉아 상패를 한참 들여다보았다. 방 안은 잠시 고요해졌고, 창밖으로는 늦여름의 노을이 길게 흘러내리고 있었다.

나는 그 패를 받으며 조용히 말했다. "그럼, 2만 시간 중에 1만 5천 시간이 민항기에서 무사고였다는 이야기네?"

남편은 고개를 끄덕이며 대답했다. "그렇지. 5천 시간은 군에서, 나머지 1만 5천은 대한항공에서. 공군과 민항이 같은 하늘이라도, 임무도 환경도 전혀 달라. 그래서 군에서는 비행시간을 동일하게 평가하지 않거든. 하지만 나는 둘 다 소중해. 전투기와 수송기 조종사였던 시절도, 민항 조종사로서 수많은 생명을 실어 나르던 지금도. 그 하늘 위에서 나는 같은 마음으로 비행했어."

나는 그 말에 아무 대답도 하지 못하고, 표창패를 가만히 쓰다듬었다. 그 순간, 나는 남편의 비행이 단지 숫자가 아니라는 것을 알았다. 그건 시간의 누적이 아니라, 책임과 생명을 품은 고요한 사명감의 기록이었다.

남편이 3년 전 하늘나라로 떠난 지금, 나는 그가 내게 남긴 두 개의 기념패를 꺼내어 본다. 2만 시간 돌파, 그리고 무사고 1만 5천 시간. 그건 단순한 숫자가 아니라, 한 조종사의 살아있는 역사이자 영웅의 증표다.

나는 오늘도 속삭인다. "여보, 당신 정말 멋졌어요. 당신이 하늘을 지켜서, 우리 모두가 안심하고 지상에서 살 수 있었던 거예요."

"여보! 사랑합니다."

"보고 싶어요."

정년 연장

　　1992년 8월, 남편은 대한항공의 요청으로 정년을 1년 연장하였다. 남편은 정년이 가까워질수록, 혹시라도 자신에게 주어진 마지막 임무를 완수하지 못하면 어쩌나 걱정하곤 했다. 다행히도 그는 정년까지 성실하게 그것도 무사고로 근무를 마쳤고, 회사에서 그런 공로를 인정하여 1년을 연장 근무하게 되었다.

　　남편의 마지막 1년은 유독 장거리 국제선 비행이 많았다. 그는 마지막까지 자신에게 주어진 임무를 묵묵히 감당했다. 특히 유럽이나 미국 동부 노선처럼 밤을 넘겨 이동하는 장거리 일정이 이어졌다.

　　유럽 노선의 경우, 대개 밤 11시 무렵 김포공항을 이륙해 런던, 파리, 프랑크푸르트, 암스테르담 등 주요 도시에 도착하는 스케줄이었다. 현지 소요 시간으로는 이른 새벽, 아직 해도 뜨지 않은 시각. 반대로 귀국편은 오후에 유럽을 떠나 밤 8시에서 10시 사이 김포에 도착했다. 그러니 남편이 집에 들어오는 시간은 늘 깊은 밤이었다. 현관문을 조심스레 여는 소리로 나는 그가 돌아왔음을 알 수 있었다.

　미국 동부 노선도 마찬가지다. 김포를 저녁 7시에 출발해 뉴욕이나 워싱턴 D.C.에 도착하면, 현지 시각으로는 그날 밤 8시. 비행시간이 13시간에 달하고 시차도 13시간이 넘지만, 이상하게도 "밤에 떠나 밤에 도착"하는 느낌이 드는 노선이었다.

　장거리 비행한 날이면 남편은 긴 비행 후에도 현지 호텔에 도착해서 바로 잠들지 못하고, 늘 하늘 위에서 시간 감각을 잃은 듯한 피로를 느낀다고 말했다. 그토록 긴 밤을 견디며 비행을 마치고 돌아오던 남편. 나는 그가 문을 열고 들어오는 순간, 그의 어깨에 내려앉은 하늘의 무게를 느낄 수 있었다.

　그래서 나는 "한 번은 마중을 나가리라." 다짐하고 늦은 밤, 김포공항으로 향했다. 도착 게이트는 어둑했고, 공항 청사의 조명은 대부분 꺼진 채 적막했다. 경비 직원은 "오늘 도착할 여객기는 없어요"라며 돌아가라고 했다. 하지만 나는 남편이 타고 오는 저녁 10시 도착 예정의 화물기 이야기를 꺼냈고, 그제야 그는 "아, 그 비행기라면 곧 도착할 거예요. 그럼 기다리시죠" 하고는 사라졌다.

버스도 뜸한 시절, 공항에 오려면 1시간 넘게 기다리는 건 흔한 일이었다. 그래도 나는 그 기다림조차도 아깝지 않았다. 남편이 무사히 돌아오기를 바라며, 그 조용한 청사에서 혼자 앉아 창밖 활주로를 바라보는 순간이 오히려 따뜻했다.

얼마 후, 어둠을 가르며 수송기가 활주로에 내려앉았다. 굵은 엔진 소리가 점점 잦아들고, 잠시 후 게이트가 열렸다. 여객기처럼 많은 승객들이 쏟아져 나오지 않는, 고요한 장면이었다.

그는 대한항공에서 정년을 마친 뒤, 1년간 연장된 임무로 수송기를 몰고 있었다. 그래서 언제나처럼 혼자 게이트를 나섰다. 멀리서도 단정한 제복 차림이 눈에 들어왔고, 나는 오랜 기다림 끝에 마주할 그 순간을 숨죽여 기다렸다. 그가 나를 발견하자, 환하게 웃으며 성큼성큼 다가와 나를 껴안았다. "춥진 않았어? 많이 기다렸지?" 낮고 따뜻한 목소리에 긴장이 풀렸고, 나는 말없이 고개만 끄덕였다.

귀가하는 길에 그는 오늘의 비행경로를 조용히 설명해 주었다. 손바닥 위에 궤적을 그리듯, 마치 하늘을 다시 그려 보이는 듯한 손짓이었다. "런던 히스로에서 출발해 북해를 지나고, 모스크바 남쪽을 돌아, 몽골 하늘을 넘어왔지. 중국 동북부를 따라 내려와 제주를 선회하고, 김해를 거쳐 김포로 들어왔어. 오늘은 순풍 덕에 예정보다 20분쯤 일찍 도착했지." 그의 말투에는 피곤함 대신, 비행을 무사히 마쳤다는 안도와 성취감이 묻어 있었다.

나는 그 곁에서, 정년을 지나서도 하늘을 지키며 임무를 이어가는 그의 모습이 자랑스럽고 또 애틋했다. 그 날 밤의 풍경은 오래도록 잊히지 않는다. 텅 빈 청사, 차가운 공기, 그리고 홀로 게이트를 나서 환히 웃으며 다가오던 남편. 하늘에서 긴 비행을 마치고, 땅에서 그를 기다리며 마주했던 그 순간이야말로 내 삶의 가장 따뜻한 기억으로 남아 있다.

- 정년퇴직 공로, 부부 동반 여행 -

🛩️ 날개를 접다

   1993년 8월, 남편은 대한항공에서 마지막으로 비행기를 몰았던 날, 21년간의 조종사 역할을 마치고, 집에 돌아왔다.

   그날은 잔뜩 흐린 하늘 아래 무더위가 여전히 기승을 부리던 여름날이었다. 공기는 눅눅하고 숨이 막힐 듯했다. 남편은 조용히 문을 열고 들어와 잠시 거실에 서 있었다. 말없이 벗어놓은 제복 위엔 희미한 햇살이 비쳐 있었고, 얼굴엔 잔잔한 미소가 떠올라 있었다.

   나는 무심코 "그동안 수고 많았어요" 하고 말했지만, 마음속엔 말 못 할 벅참과 이제는 비행이 끝났다고 하는 마음이 일렁였다.

   그때 남편은 마치 혼잣말하듯 나지막이 말했다. "하늘 위를 나는 조종사는 언제나 혼자야." 수천 미터 상공, 은빛 금속의 조종석 안에서 나는 수많은 사람들의 생명과 시간을 어깨에 짊어진 채 묵묵히 하늘을 가르며 날았지. 아무리 가까이에 부조종사가 있고, 말을 섞는다 해도, 마음속 깊은 고요는 철저히 혼자의 몫이었지.

비행기는 자유의 상징처럼 보이지만, 조종사에게 하늘은 전혀 가볍지 않은 공간이야. 땅에서 멀어질수록 나는 누구보다 냉철해야 했고, 침묵에 익숙해야 했어. 창 너머 끝없이 펼쳐진 구름의 바다와 붉게 물든 노을은 때로 눈물겹도록 아름다웠지만, 함께 나눌 이는 없었어.

또한, 기체의 미세한 떨림, 엔진의 일정한 윙윙거림, 계기판의 숫자와 깜빡이는 불빛들. 조종사의 세계는 철저하게 계산되고, 통제된 고요 속에서 이루어졌어. 그 고요 속에서 나는 수많은 감정과 기억을 묻어둔 채 날았어. 가족의 얼굴, 지상의 소리, 아득한 지난날들은 점점 더 멀어져만 갔지.

그러나 나는 결코 외롭다고 말하지 않았지. 고독은 나의 숙명이자 사명이었기에. 마지막 착륙을 마치고, 하늘에서의 시간을 내려놓는 그 순간까지도 나는 단 한 치의 방심도 할 수 없었지. 말없이 하늘과 마주하며, 고독을 운명처럼 껴안고 살았어.

그는 마치 마음속에 오래 담아 두었던 말을 모두 꺼내는 듯 조용히 다시 입을 열었다. "이제… 40여 년간의 나의 비행은 끝이 났어. 당신이 뒷바라지를 잘 해주어서 무사히 끝낼 수 있었어. 오늘은 사실… 당신 공이 가장 컸어. 고마워."

나는 그 말을 듣는 순간, 내 가슴이 울컥 무너져 내렸다. 수많은 날 속에, 나는 조종사의 아내로서 늘 그를 기다렸다. 언제나 혼자서 아이를 키우고, 명절에도 홀로 시댁에 가고, 위험천만한 하늘 위의 그를 조용히 마음속으로 기도하며 기다리곤 했다.

그의 고마운 말이 고요한 집 안을 가득 채우는 순간, 나는 참았던 눈물이 쏟아질 듯 차올랐다. 겨우 입술을 달싹이며 말했다. "당신이 더 고생했어요. 얼마나 힘들고 외로웠어요…?"

그는 대답하지 않았다. 다만, 아주 작은 미소를 지었고, 나는 그 침묵 속에서 오히려 더 많은 이야기를 들을 수 있었다. 20,000시간 비행 돌파와 무사고 비행 15,000시간, 새벽의 안개 속에서, 거센 난기류 속에서, 혹은 대통령을 태운 엄중한 순간 속에서도, 그는 언제나 조용히, 묵묵히 책임을 다해왔다.

그렇게 그는 하늘에서의 마지막 임무를 마치고 돌아

왔다. 나는 그날 그의 뒷모습을 오래도록 바라보았다. 유니폼을 벗고 방으로 들어가는 그의 걸음은, 마치 하늘의 조각이 천천히 땅으로 내려오는 것처럼 고요하고 장엄했다. 그가 지나온 하늘과 시간의 무게가 그 뒷모습에 고스란히 묻어나 있었다.

창밖으로 흐린 하늘을 바라보며, 나는 속으로 기도했다. "당신의 하늘이 이제는 편안하길. 당신의 발걸음이 이제는 가볍기를."

그날은 내 남편이 조종사에서 '그저 남편'으로 돌아온 첫날이었다. 그리고 나는, 그 어느 날보다도 그가 자랑스러웠다.

- 노재성 기장 정년 퇴임 시 -

조종사의 고독

하늘 위를 나는 조종사는 언제나 홀로다. 수천 미터 상공, 은빛 금속의 조종석 안에서 그는 수많은 사람들의 생명과 시간을 어깨에 짊어진 채, 묵묵히 하늘을 가른다. 아무리 가까이 있는 부조종사와 무전을 주고받아도, 그 마음속 깊은 고요는 오롯이 혼자만의 것이다.

비행기는 자유의 상징처럼 보이지만, 조종사에게 하늘은 결코 가볍지 않은 공간이다. 땅에서 점점 멀어질수록, 그는 누구보다 냉철해야 하고, 누구보다 침묵에 익숙해야 한다. 창 너머 끝없는 구름바다와 붉게 물든 노을은 때때로 눈물겹도록 아름답지만, 그 풍경을 함께 나눌 이는 없다.

기체의 미세한 떨림, 엔진의 일정한 윙윙거림, 계기판의 숫자와 깜빡이는 불빛들. 조종사의 세계는 철저하게 계산되고 통제된 고요 속에서 이루어진다. 그 고요함 속에서 그는 세상과 단절된 채, 수많은 생각과 감정을 묻어 둔다. 가족의 얼굴, 지상의 소리, 아득한 기억들은 엔진 소음에 묻혀 흐릿하게 멀어져 간다.

그러나 그는 외롭다고 하지 않는다. 고독은 그에게 숙명이자 사명이다. 땅에 발을 딛는 순간까지 단 한 치의 방심도 허락되지 않기에, 그는 말없이 하늘과 마주한 채, 자신의 고독을 운명처럼 껴안고 산다.

조종사는 그렇게 하늘을 품은 채, 고독을 동반하여 비행한다. 누구보다 외롭지만, 그 비행은 누구보다 고귀하다. 마침내 목적지에 닿아, 묵묵히 기지개를 켠다.

- 1975년 사우디(한국-사우디 경제협력단) -

하늘의 사람

저 하늘 위,
모두 잠든 구름 사이를 그는 묵묵히 가로지른다.
은빛 날개는 바람을 가르고,
노 기장의 마음은 적막을 껴안은 채
수천 미터의 고요 속을 비행한다.
계기판의 불빛만이 동행이 되고,
별빛은 조용히 그의 시야를 채운다.
보이지 않는 책임이 어깨를 누르지만,
그는 그 무게를 말없이 견딘다.
세상은 발아래 흐르고,
가족은 꿈속에 있다.
그는 마치 하늘의 문지기처럼,
자신조차 깨우지 않은 고독을 데리고 날고 있다.
귀에는 끊임없이 울리는 엔진의 숨결이 가득하고,
눈앞엔 끝없는 창공이 펼쳐진다.
그리고 가슴 한복판엔 아무도 알 수 없는
조용한 외로움이 샛별처럼 떠 있다.
그는 알고 있다.
이 외로움이 곧 나의 비행이며,

이 침묵이 곧 나의 사명임을.
그래서 오늘도 그는 하늘 위에 있다.
홀로, 그러나 흔들림 없이.

- 20,000시간 비행 순금 휘장, 무사고 비행 15,000시간, 10,000시간 -

제3부 Bon vivant
(풍류인)

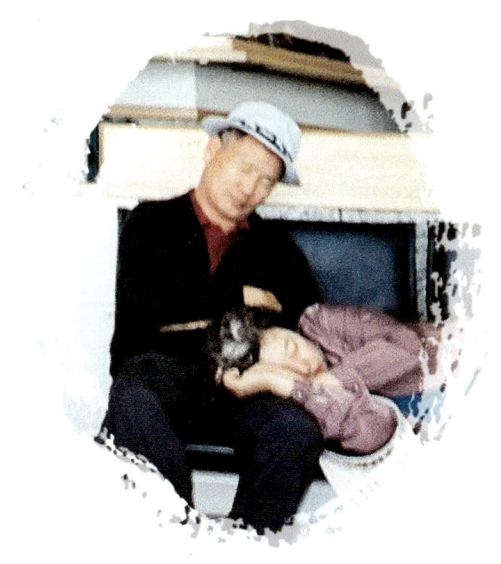

〈가을 호수의 노래〉 박순자, 2024, 수채화

사랑의 순례 여행

남편은 40년을 하늘에서 살아온 사람이었다. 조종사로서 전장을 누비고, 대통령 전용기의 조종간을 잡으며 조국의 하늘을 지켰다. 하늘을 향한 열망은 그를 민간 항공의 길로 이끌었고, 대한항공으로 자리를 옮겨 세계 하늘길을 여는 데 큰 발자국을 남겼다. 나는 언제나 그를 땅에서 기다리며, 무사히 돌아오기를 간절히 빌었다.

그런 남편이 정년퇴직하고, 처음으로 내 곁에 머물렀을 때, 나는 마음속 깊이 안도의 눈물을 흘렸다. 비로소, 하늘에서 내려온 그 사람과 진짜 여행을 시작할 수 있겠다는 생각이 들었기 때문이다.

우리는 또 다른 비행기에 올랐다. 이번엔 남편이 조종하는 비행기가 아니라, 다른 이가 조종하는 비행기를 타고 떠나는 여정이었다. 그 순간부터 우리의 여행은 사랑의 순례가 되었다.

먼저 우리는 프랑스 파리로 향했다. 에펠탑 아래서, 노트르담 대성당 앞에서, 센강을 따라 걸으며 남편은 내 손을 꼭 잡아 주었다. "이제는 내가 아니라 당신을 위한 비행이야." 그 한마디는 긴 세월 동안 마음속에 머물렀던 외로움을 단숨에 녹여주었다.

영국 런던의 비 내리는 거리도 걸었다. 템스강을 따라 걷던 오후, 대영박물관 안의 고요함 속에서 남편의 옆모습을 바라보았다. 언제나 단정하고 묵묵한, 그러나 그 안에 단단한 믿음과 책임이 살아 있는 사람이라는 걸 다시금 느꼈다. 그 힘으로 우리 가정을 지켜 주었고, 어디서든지 내 손을 잡고 낯선 거리를 함께 걸었다.

스페인 바르셀로나에서는 가우디의 성가족 성당 앞에 섰다. 그 복잡하고 신비한 조각들은 마치 우리의 삶 같았다. 서로의 다름을 품고 살아온 세월이, 그 안에 질서와 조화를 이루며 완성되어 가는 것처럼 보였다. 마드리드의 광장에서, 플라멩코의 격정적인 리듬 속에서 우리는 지나온 인생을 떠올렸다. 함께여서 가능했던 기쁨이었고, 서로여서 견뎌낸 고비들이었다.

이탈리아 로마에서 우리는 성 베드로 대성당에서 미사드렸다. 거대한 돔 아래로 쏟아지는 햇살은 마치 하늘의 빛처럼 성스러웠고, 여러 세기를 견뎌낸 기둥과 정교한 조각들은 그 자체로 하나의 기도문처럼 느껴졌다.

베드로 사도의 무덤 위에 세워진 이 성전에서, 나와 남편은 조용히 손을 모아 기도했다. 수많은 순례자 사이에서도 우리의 마음은 고요하고 깊은 침묵으로 들어갔다. 그 순간, 신앙은 말이 아닌 존재 그 자체가 되어 마음속에 내려앉았다.

미사 후에는 바티칸 박물관을 천천히 걸었다. 라파엘로의 방, 피나코테카에 걸린 마리아의 그림들, 눈앞에서 살아 움직이는 듯한 미켈란젤로의 '최후의 심판'과 '천지창조' 프레스코 앞에서는, 인간의 손으로 이런 것이 가능할까 하는 경외감에 숨이 막혔다.

예술이 곧 신앙이 되는 공간, 그 안에서 남편과 나는 서로 말없이 눈빛을 나누었다. 아무 말도 필요 없었다. 이곳은 우리가 평생 간직해 온 믿음의 세계가 눈앞에 펼쳐진 곳이었으니.

성 칼리스토 카타콤의 지하 묘지를 걸을 때는, 어두운 터널 속에서도 마음속에는 밝은 불빛이 켜졌다. 차가운 돌벽을 따라 조심스레 걷는 동안, 우리는 이름 없이 죽어간 초기 그리스도인 순교자들의 흔적을 따라갔다. 그들의 믿음은 죽음조차 두려워하지 않았고, 바로 그 믿음 위에 오늘의 교회가 세워졌다는 사실에 가슴이 뭉클해졌다. 남편은 나보다 반 발짝 앞서 걸으며, 늘 그렇듯 조용히 내 걸음을 지켜 주었다.

폼페이의 돌길 위를 걸을 때는, 시간이 멈춘 도시에서 마주한 고요가 우리의 발걸음을 낮추게 했다. 세월이 무너뜨린 폐허 속에서도 남편은 변함없이 차분한 걸음으로 내 곁을 지켰고, 그가 옆에 있다는 사실만으로 나는 세상의 어떤 폐허 앞에서도 두렵지 않았다. 그가 있었기에, 나의 여행은 곧 믿음의 순례가 되었고, 사랑의 여정이 되었다.

소렌토 절벽 위에서는 잔잔한 바다를 배경으로 사진 한 장을 남겼다. 우리는 웃고 있었고, 그 미소 속에는 긴 삶을 함께한 두 사람만의 말 없는 약속이 담겨 있었다.

1992년 우리는 호주 시드니에서 오페라하우스와 하버 브리지를 배경으로 사진을 남겼다. 햇살이 강한 날이었지만, 남편은 줄곧 내 옆에 서서 그늘이 되어 주었다. 그날은 특별히 기억에 남는다. 마침, 시드니가 시 출범 150주년을 맞은 해였고, 우리는 우연히 그 역사적인 순간에 그곳을 찾았다.

시청에서는 방문자들에게 기념 증서를 나누어주었고,

우리도 그 아름다운 꽃장식이 둘러싸인 증서를 받았다. 그 증서엔, "시드니의 150번째 생일을 축하하며 이 도시를 방문하신 것을 환영합니다"라는 문구가 담겨 있었다. 1992년 1월, 햇살 가득한 시드니에서 남편과 함께한 그 순간은, 내 마음에 오래도록 따뜻한 그림처럼 남아 있다.

태국 방콕의 왓 아룬에서는 붉은 기와지붕과 황금빛 탑 사이에서 서로를 바라보았다. 그 나라의 풍경보다 더 눈부신 것은 내 곁에 있는 남편이었다. 그는 평생 조종석에 앉아 살아온 사람이다. 그러나 이제는 내 곁에서 조용히 앉아, 내가 보는 세상을 함께 바라보고 있다. 나는 평생 하늘 위의 그를 동경하며 살아왔지만, 이제는 땅 위에서 나란히 걷는 그의 손이 더 따뜻하다.

우리가 다녀온 여러 나라의 여행은 단지 나라를 옮겨 다니는 일정이 아니었다. 서로를 다시 알아가고, 감사하고, 주님의 은총 안에서 남은 생을 새롭게 여는 순례였다. 하느님께서 우리에게 주신 또 다른 선물이었다고 나는 믿는다.

- 성 베드로 대성당 -

- 이탈리아 소렌토 -

- 호주 시드니 -

믿음의 여정

　　남편은 40년을 하늘 위에서 살아온 사람이다. 그 긴 세월 동안 나는 늘 땅에서 기다리는 사람이었다. 출국 전엔 기도하듯 손을 맞잡고, 귀국하는 날이면 누구보다 먼저 활주로를 바라보며 가슴을 쓸어내리곤 했다.

　　은퇴 후 어느 날, 남편은 조용히 말했다. "이젠 당신과 함께 믿음 생활을 바로 하고 싶소." 그 말 한마디가 얼마나 벅차고 감동스러웠는지 모른다. 그렇게 우리의 신앙 여정은 새로운 비행을 시작하게 되었다.

　　남편은 서교동 성당에서 복사로 봉사를 시작했다. 평생 제복을 입고 비행기를 몰던 사람이, 이제는 흰 복사옷을 입고, 제대 앞에 서 있는 모습이 처음엔 낯설었지만, 곧 내겐 감동으로 다가왔다. 그는 마치 조종간을 잡듯 정성스레 촛불을 들고, 향을 피우며, 성체를 모셨다. 그 순간이 그에게는 "하늘을 나는 것만큼 떨리는 시간"이었다고 했다.

우리는 함께 레지오 활동도 시작했고, 매일 오전 10시 미사에 참례한 후 다양한 봉사에 참여했다. 이제 우리 부부의 중심에는 하늘이 아닌 하느님을 향한 믿음이 자리를 잡고 있었다.

어느 날, 신부님께서 우리 부부에게 ME(Marriage Encounter)을 권유하셨다. 처음엔 망설이던 남편도 복사 활동을 하며 순명의 마음으로 참석하겠다고 했다. ME에서는 부부간에 편지를 주고받는 시간이 있었는데, 남편이 30년 만에 내게 긴 편지를 써주었다.

"여보, 나는 늘 하늘을 보고 살았지만, 당신은 언제

나 나의 땅이었소…. 함께 미사를 드리고, ME까지 함께 온 이 시간이 내겐 새롭게 부부를 바라보게 해주는 귀한 시간이오. 모두 당신 덕분이오." 나는 그 편지를 수없이 읽고 또 읽으며, 눈물을 삼켰다.

이후 우리는 ME 공동체 활동도 함께 하며, 다른 부부들에게 우리의 체험을 나누었다. 부도의 어려움도 신앙으로 이겨냈고, 하느님께 의지하며 서로 믿고 사랑함으로써 가족이 하나 되는 힘을 체험했다. "말보다는 기도로, 눈빛으로 사랑을 전하자" 라고 우리는 고백했다.

그리고 남편은 신부님의 권유로 꾸르실료에 참석하게 되었다. 그는 그곳에서 마치 영혼이 다시 태어난 듯한 강렬한 은총을 체험했다. "당신 생각이 참 많이 났소. 내가 당신에게 좀 더 따뜻해야 했는데…. 하느님이 당신을 통해 나를 부르신 것 같소." 그는 거친 손으로 내 손을 꼭 쥐고, 한참 동안 눈물을 흘렸다.

꾸르실료 3박 4일의 여정은, 단순한 피정이 아니었다. 낯선 이들과의 형제적 교류, 하느님의 사랑을 체험하는 시간, 밤마다 이어진 고해성사와 철야 성체조배는 남편의 신앙을 깊이 흔들어 놓았다. "내가 이렇게 울었던 적이 있었던가… 내 죄를 돌아보니 부끄럽고, 동시에 하느님께서 나를 이토록 기다리셨다는 게 감사했소."

이후 남편은 확연히 달라졌다. 새벽이면 나와 함께 아침기도와 묵주기도 5단을 바쳤고, 하루 일과를 마친 후엔 저녁기도로 마무리했다. 기도 중엔 자식들과 손주들 이름을 하나하나 불러가며 건강과 평화를 빌었다. 지인들의 이름까지 수첩에 빼곡히 적어 기도하는 그 모습을 보며, 나는 마음속으로 외쳤다. '주님, 감사합니다.'

20년 전, 우리는 서교동에서 지내고 있었는데, 장남이 이제 연로하신 두 분이 단독주택에서 사는 건 힘드니 아파트로 옮기라고 권유했다. 남편은 아쉬운 마음을 감추며 말했다. "이젠 주님을 모시는 곳이라면 어디든 내가 있어야 할 자리요." 그 말에 힘입어, 우리는 장남 곁인 하계동 미성아파트로 이사했다.

서교동 성당을 떠나는 건 쉽지 않았다. 오랜 교우들과의 이별, 익숙한 레지오를 놓아야 했으니까. 그러나 하계동 성당에 전입한 후, 우리는 다시 신앙의 뿌리를 내렸다. 성당 청소, 구역 미사, 노인대학, ME·꾸르실료 모임까지 꾸준히 참여했다.

주일이면 함께 교중미사에 참례했고, 성가를 부르고

성체를 모시며 주님을 찬미했다. 물론, 서교동만큼 친밀한 교우를 사귀긴 어려웠지만 남편은 그만의 방식으로 적응해 갔다.

서교동 시절엔 꽃밭을 가꾸며 소일하던 남편이, 아파트에서는 난초를 가꾸기 시작했다. 어느 해 봄, 춘란이 조심스레 고개를 내밀자, 그가 말했다. "하늘만 보던 사람이 이제 꽃을 보게 됐소." 나는 웃으며 말했다. "우리 주변엔 아름다운 게 참 많아요. 이따금 불암산, 수락산도 함께 올라가요."

나는 하계동에서도 레지오 활동을 이어갔고, 남편은 집안 성모상 앞에서 무릎 꿇고 기도하는 일이 일상이 되었다. 그 모습은 조종사 시절보다 더 아름답게 느껴졌다.

한 번은 남편이 건물 관리 제안을 받고 도전하고 싶다며 내게 의논했다. "747도 조종했는데, 이 정도 일은 할 수 있지 않겠소?" 나는 웃으며 "원하신다면 해보세요"라고 답했다.

다음날, 조종사처럼 깔끔하게 옷을 차려입고 집을 나서는 남편의 뒷모습을 보며 나는 눈시울이 뜨거워졌다. 그러나 얼마 지나지 않아 전화가 왔다. "이 일, 내가 할

일이 아닌 것 같소. 당신이 훨씬 잘하는 것 같소." 결국 그는 하루 만에 그만두었지만, 두고두고 말하곤 했다. "내가 비행기 조정뿐만 아니라 건물도 조정해 봤소."

그렇게 우리는 하계동에서 여생을 보냈다. 그와 함께 걸은 신앙의 길. 나는 참으로 복된 사람이었다. 그리고 언젠가 천국에서 다시 만날 때, 남편에게 "여보, 우리 함께 걷던 그 길, 이제는 천국에서도 같이 걸어가요."

서교동 천주교회 성체신심세미나 94. 10. 14

이별 준비

2022년 봄, 하계동 미성아파트 담벼락에 자목련이 우아하게 피어 있을 무렵이었다. 그날, 남편은 뜬금없이 "손주들이 다 장성했고, 장손도 듬직하게 잘 자랐으니 이제 마음을 놓아도 되겠다" 라고 말했다. 어쩐지 이별을 준비하시는 듯 들려, 내 마음이 조용히 흔들렸다.

그때부터였던 것 같다. 남편이 하나둘 주변을 정리하는 모습이 눈에 띄었지만, 왜 그런지 정확히는 알 수 없었다. 어렴풋이, 조용히 떠날 준비를 하고 계시는구나— 하는 생각이 들었을 뿐이다.

봄이 지나고 신록이 짙어질 무렵, 남편은 구십 평생 소중히 간직해 온 사진들을 하나씩 꺼내 놓았다. 그리고는 "이때는 참 좋았지, 저 때는 참 힘들었지!", "당신 처음 봤을 때, 내겐 천사 같았어. 지금도 머리는 희고 잔주름이 늘었지만, 여전히 내겐 천사야" 라고 말했다.

그렇게 그는 내게 지난 세월을 들려주었다. 그 이야기 속에는 젊은 날의 당신, 아이들의 해맑은 웃음, 그리고 내가 미처 몰랐던 당신의 고단한 시간이 고스란히 담겨 있었다.

당신은 자식들에게 줄 사진을 따로 모으고, 버릴 사진들을 한 무더기 비닐봉지에 담아 재활용 수거 봉투에 담아 내놓았다. 나는 놀라서 "왜 그래요?" 하고 물었다. 그러자 남편은 "나중에 당신 혼자 정리하면 힘들 것 같아서, 내가 미리 해두는 거예요"라고 말했다.

나는 그 말에 가슴이 철렁 내려앉았다. "당신, 어디 가요?" 하고 조심스레 물었다. 남편은 "내가 당신 두고 혼자 어딜 가겠어." 하면서 사진 정리에만 몰두했다.

그날 저녁, 남편이 잠이 들고, 나는 차마 내 손으로 버릴 수 없는 사진들을 따로 챙겨두었다. 우리 둘의 추억이 고스란히 담긴 빛바랜 소중한 사진들이었다. 그 사진들이 있었기에, 지금 이렇게 남편의 삶을 돌아보는 회고록도 쓸 수 있게 되었다.

당시 남편의 조용한 정리는, 그땐 미처 몰랐지만, 하느님께서 이별을 준비하라고 남편에게 허락한 시간이었다는 것을 나는 이제야 깊이 깨달았다.

남편은 평생 돈을 모을 줄만 알았지, 정작 본인을 위해 써 보지도 못하고 가신 것이 너무 안타깝다. 손자는 "할아버지는 우리가 잘 사는 게 행복이었으니까 괜찮다"라고 말했다. 그 말에 위로를 받았지만, 여전히 마음 한편엔 아쉬움만 남는다.

그러나 조종사로서 사고 없이, 무사히 오래 살아 주신 것만으로도 감사한 일이다. 남편과 함께한 시간이 너무 귀했고 소중했기에, 그 빈자리가 더욱 크게 느껴진다.

이 글을 쓰는 동안, 함께 웃고 울었던 기억들이 자꾸 떠오른다. 하늘을 올려다보면 눈물이 하염없이 흐른다. 당신은 자상한 사람은 아니었지만, 누구보다 정직했고 충실했으며, 많은 이들의 존경과 사랑을 받았다. 당신과 함께했던 모든 시간이 내게는 무엇보다도 큰 선물이었다.

"여보! 사랑합니다."

삶의 끝자락에서

"여보, 나는 대한항공을 퇴직할 때, 5년 안에 죽을 줄 알았소… 그런데 30년을 더 살았소. 그건 전부 당신 덕분이라 생각하오. 63년을 나와 함께해줘서, 정말 고맙소. 젊은 날의 당신은 숨이 막힐 만큼 순수하고 아름다웠소."

1993년 8월, 뜨겁던 여름날. 마지막 비행을 마치고 비행기에서 내리며, 내 삶이 이제 5년 남짓 남았을 거로 생각했소. 우리 조종사들 사이엔 오래전부터 내려오는 말이 있지. "조종사는 하늘을 떠나는 순간, 그 사람의 시간도 곧 멈춘다." 그저 속설이 아니었소. 실제로 그렇게 삶을 마감한 동료들도 있었으니까.

"그 이유는 비행이 삶의 전부였던 조종사들이 그걸 내려놓고 나면 금방 시든다더군. 사실 그 말엔 여러 가지 이유가 있어. 하늘을 나는 일이 단순한 직업이 아니었기 때문이지. 조종석은 내 자리였고, 내 삶이었고, 내 자존심이었으니까. 그걸 내려놓는다는 건 나라는 사람 자체가 흔들린다는 뜻이었어."

"게다가 생활 습관도 확 바뀌잖아. 비행할 땐 늘 건강검진 받고, 긴장 속에 살며 철저히 관리했는데. 은퇴하면 마음과 체력이 풀리고, 사람들도 멀어지겠지."

"하늘 위에서의 나는 누구보다 분명했소. 비행은 내 존재 이유였고, 내가 살아 있다는 명분이었소. 그래서 그걸 내려놓는 순간, 나도 무너질 거로 생각했지. 하지만 아니었소. 5년, 10년, 20년 무려 30년을 더 살았소."

"그 모든 시간은 오롯이 당신 덕분이오. 내 곁을 지켜 준 당신, 아무 말 없이 함께해 준 당신, 비행을 내려놓은 내가 인간 노재성으로 살아갈 수 있도록 품어준 사람이 바로 당신이었소."

"하느님은 내게 참 많은 은총을 주셨소. 여주 촌놈이던 나를 하늘을 날게 하시고, 대통령을 모시는 영광도 주셨으며, 은퇴 후에는 성당에서 신부님을 도우며 복사로 봉사할 수 있게 하셨소. 오랜 세월, 신자들이 영성체하며 감격하는 모습을 곁에서 지켜볼 수 있었던 것도 은총이었소."

그리고 무엇보다 내가 국제선 기장으로 전 세계를 누비던 시절, 수많은 나라를 지나면서도 늘 혼자였는데,

퇴직하고 나서야 당신 손을 잡고 함께 비행기 타고, 함께 성지순례하고, 함께 사진 찍고, 함께 기도했지. 비로소 나는 사람 노재성으로서, 하느님의 자녀로서, 그리고 당신의 남편으로서 진짜 삶을 배웠던 것 같소.

그래서 오랜 시간이 지나서 이제 확신하오. 그날 비행기에서 내린 것이 끝이 아니라, 새로운 시작이었다는 걸. 나는 하느님의 은총 속에서, 그리고 당신의 사랑 속에서 풍류인으로 참 잘 살아왔소."

끝으로,
고맙소, 여보.
병마도, 이별도, 죽음도 없는
영원한 하늘나라에서 다시 만납시다.

내가 평소에 무뚝뚝하고,
정이 없어 보였다고 당신은 늘 말했지.
꼭 말로 해야 아느냐며
내가 당신에게 핀잔도 주었소.

하지만 이제는 말해야겠소.
아흔이 넘은 지금,
처음으로 용기를 내어 말하오.

박순자 안젤라, 여보.
당신을 정말 많이 사랑했소.
그리고 오랜 세월 나와 함께해줘서,
진심으로 고맙소.
하늘나라에서 꼭 만납시다.
사랑하오.

자비롭고 영원하신 하느님!
내가 곁에 없어도 아내가 힘들지 않게 자비를 베푸소서.

장남 이야기

혼자 있는 시간이면 가끔 장남의 어린 시절이 떠오른다. 어릴 적 우리 아들은 아빠를 무척 잘 따랐다. 아빠는 그저 함께 놀아주는 친구 같은 존재였기에, 아이는 아빠를 늘 자기 편이라고 여겼다.

그러던 어느 날, 둘 사이에 말다툼이 생겼다. 아들도 화가 나고, 아빠도 목소리가 높아지며 결국 언성을 주고받는 싸움으로 번졌다. 옆에서 지켜보는 나는 일이 커질지 걱정이 앞섰다. 아들은 끝내 잘못했다고 말하지 않았다. 그럴수록 아빠의 얼굴은 점점 더 굳어졌고, 나의 마음은 애가 탔다.

그래서 내가 먼저 나섰다. "아빠에게 빌지 않으면, 너를 대들보에 매달아야겠다." 그 말을 들은 아들은 눈이 동그래지더니, 그제야 울먹이며 잘못했다고 빌었다. 그 순간, 이 아이가 제법 심각하게 받아들였구나 싶어 나도 마음이 짠했다.

그만큼 아빠와 아들은 닮은꼴이었다. 고집도, 기질도,

말 한마디 지지 않으려는 성격도 쏙 빼닮았다. 서로 누가 옳은지 그른지를 따지기보다는, 자기가 옳다는 걸 증명하고 싶어 했다.

장남이 여섯 살쯤 되었을 때였다. 자주 친구들과 다투고, 매번 얻어맞고 집에 들어오곤 했다. 하루는 울며 집에 들어온 아들을 보며 참지 못하고 말했다. "애야, 누구랑 다투더라도 맞고만 다니지 마라. 치료비가 들면 엄마가 감당할 테니, 제발 당당하게 살아라."

그 말을 한 지 삼십 분도 되지 않아, 이웃 또래 친구와 나무 막대기를 들고 칼싸움을 벌였다. 그러다 그만 친구의 눈을 건드려 피를 나게 했다. 나는 놀라 허둥지둥 그 아이 어머니와 함께 병원으로 향했다. 그 순간, 정말 하늘이 노랗게 변하는 게 이런 건가 싶었다. 다행히 눈은 다치지 않았고, 눈가 옆에만 상처가 났다.

그 일을 겪고 나서야, 나는 말 한마디가 얼마나 큰 파장을 일으킬 수 있는지를 깨달았다. 사랑하는 사람에게 건넨 말이기에 더 조심해야 했다는 생각에, 그날은 혀를 깨물고 싶을 만큼 후회스러웠다. 그 이후로는 말할 때마다, 더 조심하고 또 조심하려 애썼다.

나는 평생 군인의 아내로 살았다. 대가족 속에서 자라 '말대꾸'라는 것을 몰랐고, 나도 모르게 엄했던 어른들의 방식에 길들어 있었다.

그런 내가 아들을 군대에 보내게 된 날, 마음 한구석이 찢어질 듯 아팠다. 입대를 하루 앞두고, 남편은 아들을 2층에서 끌고 내려왔다. 이유는 누나의 말을 제대로 듣지 않았다는 것이었다. 그리곤 청소 밀대 막대기로 아들을 엎어놓고 사정없이 매질했다.

나는 숨이 멎는 줄 알았다. 내일이면 입영열차를 타고 우리 곁을 떠나는 아이인데, 집에서 보내는 마지막 날에 매를 맞고 있다니 너무 가슴이 아팠다.

80년대 군대지만 여전히 체벌한다는 이야기를 들었기에 더욱 걱정되었다. 집에서도 맞는 이 아이가 과연 군대에서 얼마나 잘 견딜 수 있을지, 두려움이 밀려왔다. 물론 남편은 군인 출신이라 체벌 문화에 익숙했을지 모른다. 하지만 나에게는 순한 우리 아들이, 거친 군 생활 속에서 다치지 않을까, 마음이 조마조마했다.

남편은 아이를 매질하면서 큰 소리로 외쳤다. "부모가 없을 땐 누나 말을 따라야 한다!" 아들이 누나에게 말대답했다는 이유 하나만으로 그리 호되게 혼냈다. 남편은 늘 자기중심이 강한 사람이었다.

그렇게 아들은 군에 입대했고, 교육학을 전공한 덕에 청송교도소 교육경비대대로 배치되었다. 첫 면회 날, 아들은 훈련을 잘 버티고 수료했으며, 자대를 후방에 있는 교도소로 배치되어 다행이라고 말했다.

그 말을 들으며 나도 조금 안심했다. 그러나 급식 조로 배정된 아들은, 선임이 닭 손질을 하라고 했는데 닭 목을 치는 일이 너무 무서웠다고 했다. 결국 그 일을 제대로 하지 못해 혼이 났고, 아버지에게 다른 곳으로 전출시켜 달라고 애원했다.

그 아이는 그만큼 마음이 여리고 여린 아이다. 나는 그 모습을 보며, 아직도 아들이 어린아이처럼 느껴져 괜스레 울컥했다. 그 아들이 제대하고, 대학도 졸업하고, 결혼도 했으며 환갑도 지났다.

큰 며느리는 내가 예전에 사업하던 시절에 알던 분의 따님이었다. 그분은 내 친정 쪽과도 연이 있어, 자연스럽게 혼담이 오갔다. 나는 "그 따님이면 괜찮겠다"라고 생각했고, 아들도 기꺼이 만나보겠다고 했다. 처음 만난 자리에서 두 사람은 금세 서로에게 호감을 느꼈고, 우리는 그날 바로 승낙하게 되었다.

지금은 그 아들이 손자와 손녀를 낳고, 평범하지만, 행복하게 잘 살고 있다. 손주들은 어찌나 속 깊고 다정한지, 이 세상에 둘도 없는 효손들이라 자부한다.

돌이켜보면 나는 참 복 많은 여자다. 평생 남편의 사랑을 받았고, 자식들은 모두 건강하게 자라 주었다. 지금은 손주들까지 건강하게 잘 자라고 있다. 이보다 더 바랄 것이 있을까 싶다.

[멋진 청년, 노진산]

진산이가 세상 밖으로 첫발을 내딛던 날, 온 가족의 가슴이 벅차올랐다. 아들이 병원에서 걸려 온 전화, "어머니, 손자가 태어났어요."

어젯밤 늦게 산기가 있어 병원으로 달려갔다는 말에 마음이 조렸지만, 무사히 순산했다는 소식에 안도의 숨을 내쉬었다. 남편과 함께 병원에 가보니 특실에 입원해 있었다. 남편은 눈빛을 반짝이며 말했다. "어허, 저놈 좀 봐라. 아들이라고 특실이래." 그 말투에 배어 있던 자부심과 기쁨이 아직도 내 눈가에 선명하다.

그렇게 태어난 진산이는 무럭무럭 자라 유치원에 다녔고, 무슨 행사라도 있다고 하면 며느리는 꼭 우리에게 와보라 했다. 배려심이 깊은 그 며느리 덕분에, 어느 날은 수영장에 가게 되었다. 작은 인형처럼 귀여운 아이가 수영복을 입고 조심스럽게 물속을 헤엄치던 그 모습. 유리창 너머로 바라보던 남편과 나는, 어찌나 대견했던지 가슴이 찡했다.

또 한 번은 장난감 자동차를 가지고 놀고 있던 진산

이에게, 남편이 장난삼아 "할아버지도 한 번 굴려보자"라고 했다. 아이는 고개를 절레절레 흔들며 말했다. "안 돼요, 배터리 나가요." 그 단호함에 남편은 웃음을 지으며, "허허, 저놈은 제법이다. 마음 놓아도 되겠어."라며 흐뭇해했다.

세월이 흘러 진산이는 대학에 갔다. 첫해에 덜컥 합격했을 때, 우리 부부는 그저 놀라움과 기쁨에 젖었다. 그런데 이듬해, 재수를 하겠단다. 실력으로 보면 그 정도면 충분하다 생각했지만, 아들과 며느리는 아이의 뜻을 존중했다. 우리는 말없이 지켜볼 수밖에 없었다. 다음 해에도 합격했지만, 특별히 나아진 건 없었다.

진산이는 군 복무를 마치고 졸업한 뒤, 사회로 나아갔다. 공채로 중견 기업에 취직했다는 소식을 듣고, "눈에 넣어도 아프지 않다"라는 말이 절로 떠올랐다.

그러던 어느 날, 우리에게 와서 진산이가 조심스레 말을 꺼냈다. "할머니, 1년만 도와주세요." 적성에 맞지 않아 사표를 냈다는 것이다. 지금은 컴퓨터 프로그래머로 일하고 있다. 정확히 어떤 일인지 나는 잘 모르지만, 경영학을 전공했던 아이가 은행 직원 등 접대 술자리가 반복되는 일상보다 지금의 삶을 택한 것이리라.

요즘도 진산이는 매주 토요일이면 어김없이 찾아온다. 이제 토요일은 '손자와 밥 먹는 날'이 되었다. 그 하루를 기다리며 한 주를 살아간다. 진산의 그 바른 삶의 태도와 예의는 모두 부모에게서 배운 것이다. 며느리는 한 달에 두 번씩 반찬을 해 오고, 함께 식사하며 따뜻한 시간을 나눈다. 그 모든 사랑의 뿌리는, 남편이 묵묵히 심어놓고 간 것들이다.

이토록 멋진 청년이 내 손자 진산이다. 인물도 좋고, 성격도 바르며, 건강하기까지 하다. 단 하나, 아직 애인이 없다는 것만이 유일한 아쉬움이다.

"어여쁜 신부를 구합니다."
우리 멋진 손자, 진산이 파이팅!

[아름다운 노진아]

　남편은 진아가 아주 어렸을 때, 예쁜 신발 하나 사주겠다고 호주 여행 중 백화점을 얼마나 뒤졌는지 모른다. 그 시절엔 국내 아기 신발 중엔 가볍고 예쁜 게 드물었으므로 결국 마음에 쏙 드는 신발을 찾아 사주고, 작은 핸드백까지 선물해 주었다.

　진아는 지금도 그 핸드백을 소중히 간직하고 있다. 그렇게 사랑을 듬뿍 받으며 자란 진아는 대학생이 되던 어느 날 조심스럽게 물었다. "할아버지, 영어 공부를 더 하고 싶은데… 교환학생으로 미국에 갈 수 있을까요?"

　그러자 남편은 주저하지 않고 고개를 끄덕이며 대답했다. "그래라." 진아가 다시 웃으며 물었다. "그런데… 할아버지 돈은 있으세요?" 그 말에 남편은 웃으며 말했다. "우리 예쁜 공주님이 공부하겠다는데, 집을 팔아서라도 보내줘야지."

　그 약속대로 진아는 미국 연수를 다녀왔고, 대학을 졸업한 지금은 카타르 항공의 승무원으로 당당히 하늘을 누비고 있다.

나는 가끔 상상해 본다. 기장석에 앉은 할아버지 비행기에 손녀 진아가 승무원으로 탑승해 함께 하늘을 나는 모습을. 그때 남편 얼굴엔 얼마나 흐뭇한 웃음이 번질지, 그 표정이 눈에 선하다.

우리 가족은 하늘과 참 인연이 깊은 것 같다. 진아가 지금, 남편이 날던 그 하늘 위에서 살아가고 있으니 말이다. 최근 진아가 남자 친구를 집에 데려왔다. 덩치 큰 터키항공의 기장이라고 소개했다. 같은 항공사도 아닌데 어떻게 만났는지 참 신기했다.

그 모습을 보니 남편 생각이 문득 떠올랐다. 다시는 기장 복장을 한 이를 집에서 볼 수 없다고 생각했는데, 그 제복을 차려입은 청년이 내 앞에 서서 있는 걸 보니, 마치 꿈을 꾸는 것 같았다.

터키 기장은 생김새도 훤칠했지만, 그보다 제복 하나만으로도 충분히 인상적이었다. 그 옆에 선 진아는 키는 작았지만 얼마나 사랑스럽고 또렷하게 말도 잘하는지 감격스러웠다.

더욱 놀라운 건 손자였다. 그 자리에 함께 있었는데, 어른들 질문에 영어로 막힘없이 또박또박 대답하는 모습이 정말 의젓하고 자랑스러웠다.

그날 밤, 아이들이 돌아가고 집에 혼자 있으니, 남편이 너무 그리웠다. 당신이 제복을 입은 사진을 보면서 당신이 오늘 이 모습을 함께 보았더라면 얼마나 기뻐했을까…" 그 생각에 눈물이 하염없이 흘렀다.

"여보, 당신이 하늘 위에 뿌린 씨앗이 이 땅에서 무럭무럭 자라 다시 비상하려 해요. 우리 진아가 터키 기장을 손잡고 집으로 데려올 줄 누가 알았겠어요. 그 친구가 당신과 다른 점이라면, 덩치가 산만큼 크다는 것뿐이에요. 이제 당신이 누비던 하늘을 손주들이 대를 이어 날고 있어요. 이 모든 일이, 당신이 하늘에 뿌린 사랑의 씨앗 덕분이에요. 여보! 사랑합니다. 보고 싶어요"

오늘, 진아가 메추리알 장조림을 해 왔다. 처음엔 며느리가 만든 줄 알았는데, 진아가 직접 했다고 하며 할머니 드시라고 내미는 모습에 또 눈물이 고였다. 그 어린아이가 이제는 이렇게 의젓한 어른이 되어, 나를 챙기는 보호자가 되었다.

아들딸도 물론 귀하지만, 손자와 손녀는 더없이 소중한 존재다. 특히 우리 장손인 진산이는 나의 손발이 되어 주고, 내가 무엇을 물어봐도 자상하게 알려 주며, 혼자 사는 나에게 없어서는 안 될 보물 같은 아이들이다.

"고맙고, 사랑한다.
진아야~ 진산아~"

막내 이야기

막내아들은 별 탈 없이, 건축 설계 일을 하며 무난하게 잘 살고 있다. 나는 어릴 적부터 막내가 성격이 참 좋다고 느꼈다.

그런데 한 가지 걱정되는 건, 술을 너무 자주 마신다는 점이다. 성격만 놓고 보면, 내 친정아버지를 많이 닮은 것 같다. 우리 친정 식구들은 다들 노래를 잘 부르는데, 현경이도 그 유전자를 물려받은 듯 노래를 잘한다. 그런데 막내는 예외다. 음치에 가까울 정도여서 그 점만큼은 도무지 닮지를 않았다.

그리고 아비를 닮은 손자는 집안 누구도 해본 적 없는 사업을 시작했다. 한 번은 사업자등록증을 들고 와서, 할아버지 앞에 앉아 한 시간 넘게 사업 구상과 계획을 조목조목 설명했다. 그런데 신기하게도, 그 긴 시간 동안 단 한 마디도 '도와 달라'는 말을 하지 않았다.

오히려 우리가 먼저 듣다 지쳐서 "도대체 얼마가 필요하냐?"라고 물어보니, 그제야 슬그머니 액수를 내비

쳤다. 어쩌면 우리 입에서 그 말을 먼저 듣게 하려는 게 그 아이의 작전이었는지도 모른다. 결국 남편이 "그래서, 얼마가 필요하단 말이냐?" 하고 묻고, 사업 자금 일부를 건네주었다. 그 아이는 눈치도 빠르고 성격도 원만해서, 앞으로도 크게 걱정하지 않아도 될 것 같다.

나는 평생을 살아오면서 기쁘고 감사한 일만 있는 것은 아니었다. 때로는 서로의 마음이 엇갈려 서운한 순간도 있었고, 작은 오해가 오래 남아 아쉬움을 주기도 했다. 그러나 시간이 지나 돌아보니 결국 가장 크게 남는 것은 함께한 정과 사랑이었다.

나는 자식들과 며느리, 손주들 모두가 내 삶에 귀한 동반자였음을 잊지 않는다. 부족한 나를 이해해 주고, 기쁨과 슬픔을 함께 나누며 곁을 지켜 준 그 마음이 오늘의 나를 지탱해 주었다. 그래서 바라기는, 우리 가족이 앞으로도 서로를 깊이 이해하고 따뜻하게 함께 걸어가기를 원한다.

은총의 세월과 두려움

우리가 함께한 세월이 어느덧 63년이 지났다. 길다면 길고, 짧다면 짧은 인생의 한 줄기였지만, 그 속에는 말로 다 할 수 없는 이야기들이 켜켜이 쌓여 있다. 때로는 살을 에는 듯한 고통의 시간이 있었고, 때로는 웃음소리가 마당 끝까지 번져나가던 날들도 있었다.

그 모든 시간이 흘러간 지금, 문득 철학자 김형석 교수님의 말씀이 떠오른다. "사랑이 있는 고생은 행복이다." 라는 말처럼, 우리가 견뎌낸 고단한 날들 속에도 사랑이 있었기에, 그것은 결국 우리 삶의 가장 빛나는 순간들이었는지도 모르겠다.

한때는 부도로 모든 것을 잃고, 한순간에 나락으로 떨어지기도 했다. 통장에 남은 잔고를 보며 막막했던 날도 있었고, 아이들 앞에서 허탈한 웃음을 지을 수밖에 없던 때도 있었다.

그러나 그런 와중에도 남편은 늘 침착했다. 조종사로서의 절제와 성실함은 그의 일상에서도 그대로 드러났다.

평생을 알뜰히 모으고 절약하며 꿈을 잃지 않았던 그 덕분에, 우리는 마침내 바라던 붉은 벽돌 이층집을 갖게 되었다.

그날의 기쁨은 지금도 생생하다. 크게 떠들지도, 요란한 축하도 없었지만, 우리는 마당에 돗자리를 펴고 둘이 조촐하게 잔을 기울였다. "마침내 우리 집을 마련했어!" 남편의 그 한마디에 가슴이 뭉클했다. 다 큰 아이들을 데리고 셋방살이를 전전하다 마침내 내 집을 다시 갖게 되었던 그날, 하늘이 조금 더 가까이 느껴졌고, 세상이 조금은 우리 편인 듯했다.

우리는 그 집에서 삼 남매를 출가시키고, 손자 손녀 여섯을 품에 안았다. 마당에는 사철 꽃이 피고 졌으며, 명절이면 온 가족이 모여 웃음꽃을 피웠다. 세월은 흘러 주름은 깊어졌지만, 아직도 그 집은 우리 사랑의 둥지였고 추억의 보금자리였다.

돌이켜보면, 우리는 남들보다 가진 것이 많았던 것도, 누릴 여유가 있었던 것도 아니었지만 그래도 잘 살았다. 버거운 날엔 서로의 손을 잡았고, 기쁜 날엔 함께 웃었다. 사랑하며, 견디며, 그렇게 살아낸 인생이었다.

지나고 보니, 모든 일이 우리의 뜻만으로 이루어진 것은 아니었다. 삶의 고비마다 감당할 수 없는 벽 앞에 섰을 때, 알 수 없는 힘에 이끌려 길이 열렸고, 다시 일어설 용기를 얻었다.

이제 와 돌아보면, 그것은 우연이 아니라 섭리였다. 하느님께서 우리가 걸어갈 길을 예비해 주셨고, 시련의 순간마다 꼭 필요한 은총을 내려주셨기에, 우리가 여기까지 올 수 있었다.

하느님의 사랑과 은총 안에서, 우리는 울고 웃으며, 참으로 잘 살아왔다고 고백할 수 있다. 그리고 그 모든 날이 모여 지금의 우리가 되었다는 사실이, 무엇보다도 감사한 일이다.

남편이 떠나고, 나는 대학에 갔다. 평생 마음속에만 품고 있던 공부를, 남편이 "하고 싶으면 하라"고 말해주었다. 그렇게 말해놓고는 먼저 떠났다. 그래도 그 말이 자꾸 마음에 남아, 학교에 가는 것이 괜찮겠다고 생각하여 용기를 냈고, 올봄에 졸업도 했다.

나는 졸업장을 남편에게 자랑하고 싶어 동작동 국립묘지를 찾았다. 영정 앞에서 "여보, 내가 해냈어." 하고 말하니, 사진 속 남편이 "수고했어"라고 말해 주는 것 같았다. 그 모습을 상상하며, 또다시 물었다. "이젠 뭘 하면 좋을까?" 그런데 평소처럼 말이 없었다. 그저 "당신이 알아서 잘할 텐데…" 하는 듯한 눈빛만 남아 있었다.

그래서 지금도 나는 쉬지 않고 산다. 구청에서 운영하는 시니어 대학에 다니고, 다음 달부터는 동양화와 민요 수업도 신청했다. 집에만 있으면 몸도 마음도 금세 가라앉기에, 하루라도 움직이려 노력한다.

하지만 들은 것도 금방 잊고, 수업 시간에도 머리가 가물가물하다. 그래도 멈추지 않는다. 계속한다. 모든 것이 꿈처럼 흘러가 버린 세월이다. 후회 없는 인생이 어디 있으랴마는, 그래도 남편에게 좀 더 잘해야 했다는 마음이 자꾸 남는다.

늦었지만 열심히 살아보려 애쓰지만, 마음뿐이다. 몸은 따라주지 않고, 기억은 흐려지니, 뜻대로 되는 일이 없다. 그럼에도 나는 홀로 3년을 버텼다. 남편 없이 보내는 하루하루는 생각보다 훨씬 더 적막하고 고단하다.

내일모레가 아흔이다. 이렇게 오래 살 줄은 몰랐다. 올봄, 침대에서 떨어져 허리를 다치고 나서야 깨달았다. 삶이 한순간에 무너질 수 있다는 것을. 회복되었다지만, 이제는 전등 하나도 바꾸지 못하고, TV가 고장 나도 손 하나 까딱할 수 없다.

예전엔 남편이 척척 해결하던 일들이 이제는 내겐 너무 멀고 버겁다. 손자 손을 빌려야 하고, 경비원의 도움도 받아야 한다. 보훈병원 안과에 예약했는데, 무려 3개월을 기다려야 한단다. 지금도 눈이 가물가물한데, 그 긴 시간이 얼마나 답답할지 생각만 해도 숨이 막힌다.

보훈병원 신경과와 신장과에서 받은 약은 무거워 손으로 들 수조차 없어, 배낭에 메고 겨우겨우 집으로 돌아온다. 지난번엔 진료 후 수납도 하지 않고 그냥 집으로 와버렸다. 병원에서 전화가 왔을 때, 가슴이 철렁 내려앉았다. '내가 이렇게까지 되었나?' 싶어, 스스로가 부끄럽고 또 슬펐다. 정신이 오락가락하는 걸 느낀다.

과연 이대로 혼자 살아갈 수 있을까. 두려움이 앞선다. 지난달엔 다행히 현경이가 병원에 와주어 함께 진료를 받고, 자동 결제도 신청해 주어 한시름 덜었다.

하지만 언제까지 이렇게 버틸 수 있을까. 하느님께서 나를 지켜 주신다고 해도, 더는 내 몸이 따라주지 않으면, 결국 요양병원 침상에서 생을 마감하게 되는 건 아닐까. 생각만 해도 두렵고, 눈물이 난다.

나는 마지막까지 집에서, 조용히 아버지 사진을 바라보며 살고 싶구나. 이 늙은 어미가 사람답게 여생을 살아갈 수 있도록, 너희가 곁에서 조금만 더 신경 써주었으면 한다. 너희 아버지께서 살아 계셨다면, 말없이 해주셨을 그 일들을 이제는 너희가 대신해 줄 수 없겠니?

이제 어미는 더 이상 강하지 않다. 그저, 조금만 더 사람답게 살다가, 조용히 아버지 곁으로 가고 싶을 뿐이다. 이런 내 마음을 이해해다오.

끝으로, 내 사랑하는 아들, 딸, 며느리, 손주들아!
이유가 어찌 되었든, 내가 미안하다. 내 부족함을 용서하여라. 그리고 기억해다오.

"너희 모두를 내 목숨과 같이 사랑한다."

- 저자 박순자 안젤라 여사 -

- 증손녀 한지민(초3) -

제4부 사랑과 비행의 유산

이 장은 조종사 노재성 기장의 비행 기록뿐 아니라, 그의 삶과 신념을 담은 여정의 기록이다.

그는 40년 넘게 하늘을 날며 조국을 지켰고, 민간 항공의 발전을 이끌었다.

그러나 진정한 유산은 수만 시간의 비행이나 훈장이 아니라, 그 뒤에 깃든 책임과 헌신에 있다.

아내 박순자 여사의 손 글씨 회고록에는 신앙과 가족을 품고 비행한 남편에 대한 사랑과 동행의 기억이 담겨 있다.

또한 훈장과 무사고 비행 표창 등은 그의 삶을 구체적으로 증언하며, 다음 세대에 전할 귀한 유산이 된다.

물 위를 걷는 것만 기적이 아닙니다. 지금 두 발로 걸을 수 있는 것… 대단한 기적입니다

- 박순자 안젤라 여사의 캘리그래피, 2025년 작품 -

위대한 비행

 이 장은 노재성 조종사가 남긴 시간의 기록이자, 하늘을 경외하고 생명을 품은 한 인간의 비행 여정을 객관적인 근거자료를 토대로 정리하였다.

 그는 40년 동안 20,000시간 이상 날았고, 단 한 번도 실수하지 않았다. 비행은 그에게 직업이 아니라 기도였고, 조종석은 전쟁보다 치열한 책임의 자리였다. 이 기록은 그래서 단지 위대한 '기록'이 아니라, 위대한 '비행'이다.

 청년 노재성은 1953년 3월 23일, 한국전쟁 직후의 황폐한 시대에 공군 제2기 조종간부로 입대하며 하늘을 향한 여정을 시작했다.

 그는 1972년 2월 29일까지 공군 조종사로 복무했고, 이후 21년 7개월간 대한항공에서 민간 항공 기장으로 비행을 이어갔다. 그의 총 비행 경력은 40년 5개월, 누적 비행시간은 20,000시간을 넘어섰다. 하지만, 이 숫자보다 더 중요한 사실은, 그 비행이 단 한 번의 사고 없이 이루어졌다는 것이다.

공군 시절 그는 수송기 C-46과 C-54를 조종하며 국내 및 일본, 동남아시아 노선을 누비는 한편, 1961년부터 약 10년간 대통령 전용기 조종사로서 박정희 대통령을 수행하는 임무를 맡았다.

특히 베트남전이 한창이던 1966년 9월부터 1971년 7월까지는 은마부대 및 주월사 공군지원대 비행대 소속으로 한국과 베트남 간 장거리 수송 임무를 월 1회 이상 수행했다. 장거리 왕복 비행시간이 15시간 내외인 점을 고려하면, 이 시기 누적 비행시간만 1,000시간에 이르며, 베트남 내 단거리 수송 임무까지 포함하면 총 1,500시간 가까운 실전 비행을 수행한 셈이다.

그는 군 복무 동안 약 5,500~6,000시간 이상의 수송기 비행을 무사고로 마쳤다. 1965년 11월, 공군에서 C-46D 2,000시간 무사고장 수여 기록이 남아 있으며, 이는 특정 기종만의 기록이므로 다른 기종까지 포함하면 군 경력의 무사고 비행시간은 더욱 방대하다.

1972년 1월 31일, 그는 대한항공에 입사하며 민항 조종사로 새로운 길을 걷기 시작했다. 그리고 단 10개월 만에 국제선 기장으로 발탁되는 특별 승진을 이뤘다. 이는 그의 군 경력과 숙련된 조종 기술이 민항에서도 인정받았음을 의미한다.

특히 그는 한국 항공사 최초로 보잉 747을 비행한 조종사이며, 1973년 미국 시애틀에서 이 대형기를 직접 인수해 장거리 노선에 투입했다. 747은 당시로서는 혁명적인 기술과 규모를 자랑하는 항공기로, 사람들은 이 거대한 기체가 태평양을 가로지르며 하늘을 유영하는 모습을 '하늘의 앨버트로스'라 불렀다.

노 기장은 그 거대한 날개의 조종간을 처음으로 잡은 한국인 조종사였고, LA로 향한 첫 장거리 비행을 성공적으로 마쳤다. 이 회고록의 제목 '앨버트로스'는 바로 그 상징에서 유래했다. 이는 한국이 대형 항공기 시대에 들어선 역사적인 순간이었고, 노 기장은 그 선두에 있었다.

이어 1975년에는 프랑스 파리에서 에어버스 A300 항공기를 인수하며, A300 역시 국내 첫 비행을 수행한 조종사로 기록되었다. 대한항공의 국제선 확장과 첨단 기종 도입 시마다 그는 언제나 선두에 서 있었다.

또한 박정희 대통령이 생존해 있던 시기까지, 대통령이 대한항공을 이용할 때 노재성 기장이 VIP 전용기 운항을 전담했다. 이는 군 시절부터 이어진 신뢰의 연장이자, 조종사로서 받는 가장 높은 형태의 사명감과 책임이었다.

대한항공 초기 10여 년 동안 그가 비행시간의 누적이 완만했던 이유는 단지 운항 횟수가 적어서가 아니라, 오히려 그가 중요한 임무와 비행 기종 도입 시마다 우선적으로 배정된 주력 기장이었기 때문이다.

대한항공이 본격적으로 국제선 정기노선을 확대하기 시작한 것은 1970년대 중후반 이후였고, 그 이전까지는 항공 수요와 노선이 지금보다 매우 제한적이었다. 노 기장은 신형 항공기의 인수와 노선 개척을 책임지는 핵심 인력으로, 그 임무의 중대성과 비행 전 준비 과정으로 인해 한 번의 비행이 단순 상업 편보다 훨씬 더 많은 시간과 책임을 요구받았다.

1980년대 중반 이후 상황은 급격히 바뀌었다. 국제선 노선이 대폭 확장되고, 항공 수요가 폭증하면서 숙련된 기장의 수요가 급증했다.

이 시기 노 기장은 본격적으로 핵심 기장으로 투입되었고, 1984년부터 1990년까지 불과 6년 사이에 10,000시간을 무사고로 비행했다. 이는 연평균 1,600시간이 넘는 고강도 운항이며, 현재 항공안전법상 허용되는 연간 1,000시간 한도를 초과하는 수치다.

예를 들어, 인천-LA 왕복 비행의 경우 약 22시간이 소요되는데 연간 50회의 왕복이 필요하다. 이는 일주일에 한 번꼴로 태평양을 횡단하는 일정이다. 비행과 현지 체류, 휴식일 등을 고려하면 이는 조종사의 체력과 집중력을 극한까지 끌어올려야 가능한 수치다. 그런데 1,600시간을 실제로 비행하려면 쉴 틈도 없이 촘촘히 운항 일정을 배정받아야 하며, 이는 오늘날 기준으로는 거의 불가능한 수준이다.

이러한 비행시간은 오늘날 기준으로 보면 법적 초과일 수 있으나, 당시에는 국제기준이 도입되기 전으로 명시적인 법적 제한이 없던 시기였다. 운항 편성은 항공사의 재량에 맡겨졌고, 조종사 부족과 산업 성장기의 과도한 수요가 겹쳐 실제로 연 1,200~1,400시간 이상 비행하는 기장이 적지 않았다. 특히 장거리 노선이 많은 국제선 기장의 경우, 비행 소요 시간이 길어 누적이 빠르게 증가할 수밖에 없었다.

노 기장의 1980년대 후반 운항 기록은 그 자체로 위법은 아니었으며, 오히려 그가 어떤 극한의 조건에서도 안전을 지켜냈다는 증거다. 조종사의 체력과 집중력이 중요한 이 시기에, 단 한 번의 사고 없이 조종간을 놓지 않았다는 점은 단순한 수치보다 훨씬 큰 상징성을 갖는다. 그의 조종간은 단지 기술의 산물이 아니라, 인간적인 책임감과 절제, 그리고 기도의 연속이었다.

노재성 기장이 이룬 2만 시간 무사고 비행과 40년을 넘는 조종 경력은 대한민국 항공 역사에서 전례를 찾기 어려운 위업이다. 국내 조종사는 월 80시간, 연 1,000시간 이하의 비행 제한을 준수하며, 보통 20~30년의 동안 평균 1만 시간 내외의 비행 기록을 남기는 것이 일반적이다.

극히 일부 군 경력 또는 민항 조종사 중 긴 경력과 높은 누적 비행시간을 가진 이들도 있지만, '2만 시간 이상 + 40년 이상'이라는 두 기준을 동시에 충족한 사례는 국내에서 공식적으로 확인된 바 없다.

따라서 노재성 기장의 경력은 단순한 수치를 넘어, 인간이 만들어낸 가장 숭고한 형태의 안전과 신뢰의 결정체라 할 수 있다. 그의 비행은 후배 조종사들에게는 전설로, 한국 항공사에는 교범으로, 그리고 하늘 위에는 조용한 기념비로 남았다.

또한, 국제 항공계에서는 Clay Lacy, Evelyn Johnson, Ed Long 등 몇몇 전설적인 조종사들과 어깨를 나란히 할 만한 기록이다. 이들은 40년 이상 경력에 2만 시간 이상 비행 기록을 동시에 달성한 극소수 사례로, 노 기장의 경력은 단지 국내 기준을 뛰어넘는 수준을 넘어, 글로벌 수준의 항공 역사의 일부로서 기억될 만하다.

노재성 기장 비행 경력 연표

1953. 3.23 공군 제2기 조종간부 입대 (19년 복무 시작)
1955.12.23 소위 임관 - 대구 수송부대
1965.11 공군 C-46D 2,000시간 무사고 상 수여
1966. 9.19 ~ 1970.12.30. 은마부대
   한국-베트남 C46 운항(월 1회, 약 1,000시간 비행)
1970.12.31 ~ 1971.7.1 주월사 공군지원대
   베트남 내 단거리 수송 비행 (약 540시간)
1961~1970 공군 대통령 전용기 조종사
   (박정희 대통령 전담)
1972. 2.29 공군 중령 전역 (군 복무 19년)
1972. 1.31 대한항공 입사 - 단기간 국제선 기장 승격
1973 시애틀 보잉747 인수 훈련 및 LA 첫 비행
   (국내 최초 747 비행 조종사)
1975 파리 에어버스 A300 훈련 및 파리 첫 비행
1972~1979 박정희 대통령 전용기(KAL) 운항 전담
1984. 9.1 5,000시간 무사고 비행 표창 수여
1987. 9.1 10,000시간 무사고 비행 표창 수여
1989. 3.1 20,000시간 누적 비행 기념패 수여
1990. 8.1 15,000시간 무사고 비행 표창 수여
1993. 8.19 대한항공 정년퇴직 (총 비행 경력 40년 5개월)

C-46D 2000시간 무사고상수여
65년 11월

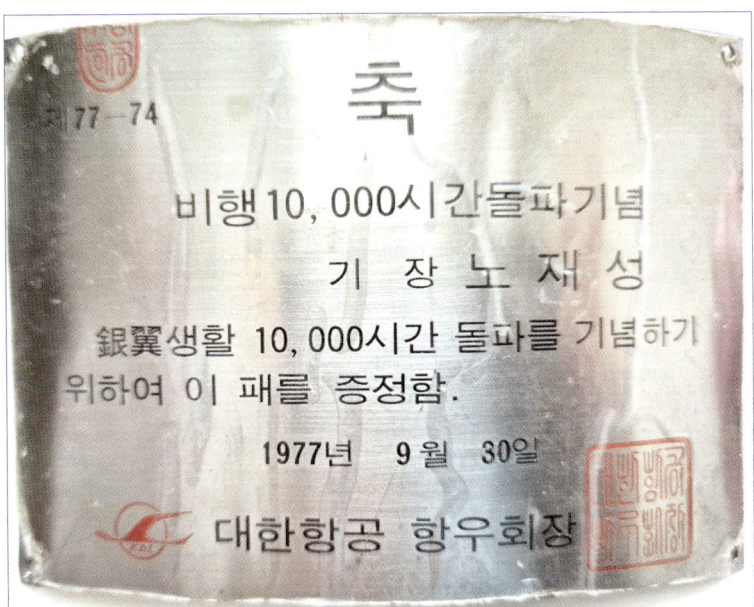

表 彰

所屬 : 運航乘員部
姓名 : 盧 在 星

위의 사람은 機長으로서 平素 透徹한 責任感과 使命感에 充溢하여 맡은 바 職務를 誠實히 遂行하여 왔으며 特히 5阡時間 無事故飛行을 達成함으로써 安全運航에 寄與한 功이 크므로 이에 表彰함.

1984年 9月 1日

株式會社 大韓航空
社長 趙重建

表 彰

所屬 : 運航部
姓名 : 盧 在 星

위의 사람은 機長으로서 平素 透徹한 責任感과 使命感에 充溢하여 맡은 바 職務를 誠實히 遂行하여 왔으며 特히 壹萬時間 無事故飛行을 達成함으로써 安全運航에 寄與한 功이 크므로 이에 表彰함.

1987年 9月 1日

株式會社 大韓航空
社長 趙重建

記 念 牌

所屬 : 運航乘務室

姓名 : 盧 在 星

貴下는 1972年 1月 31日 入社以後 20年 6個月間 在任中 透徹한 使命感과 獻身的인 奉仕精神으로 會社 發展에 寄與한 功勞가 至大하였기에 停年退職에 즈음하여 그간의 勞苦에 對한 感謝의 뜻을 이 牌에 담아 드립니다.

1992年 8月 19日

株式會社 大韓航空

代表理事 社長 趙 亮 鎬

훈장·포장 등

- 화랑무공훈장 -   - 자유수호 유공자 훈장 -   - 무공훈장(베트남 정부) -

- 6·25 참전기념 훈장 -   - 전공훈장(베트남 정부) -   - 유엔 참전용사 기념 -

- 참전기념 메달(베트남) -   - 육군 제20사단 창설 20주년 기념 메달 -   - 6·25 전쟁 기념 메달 -

- 전공훈장(베트남) -   - 자유수호 훈장 -   - 보국포장 -

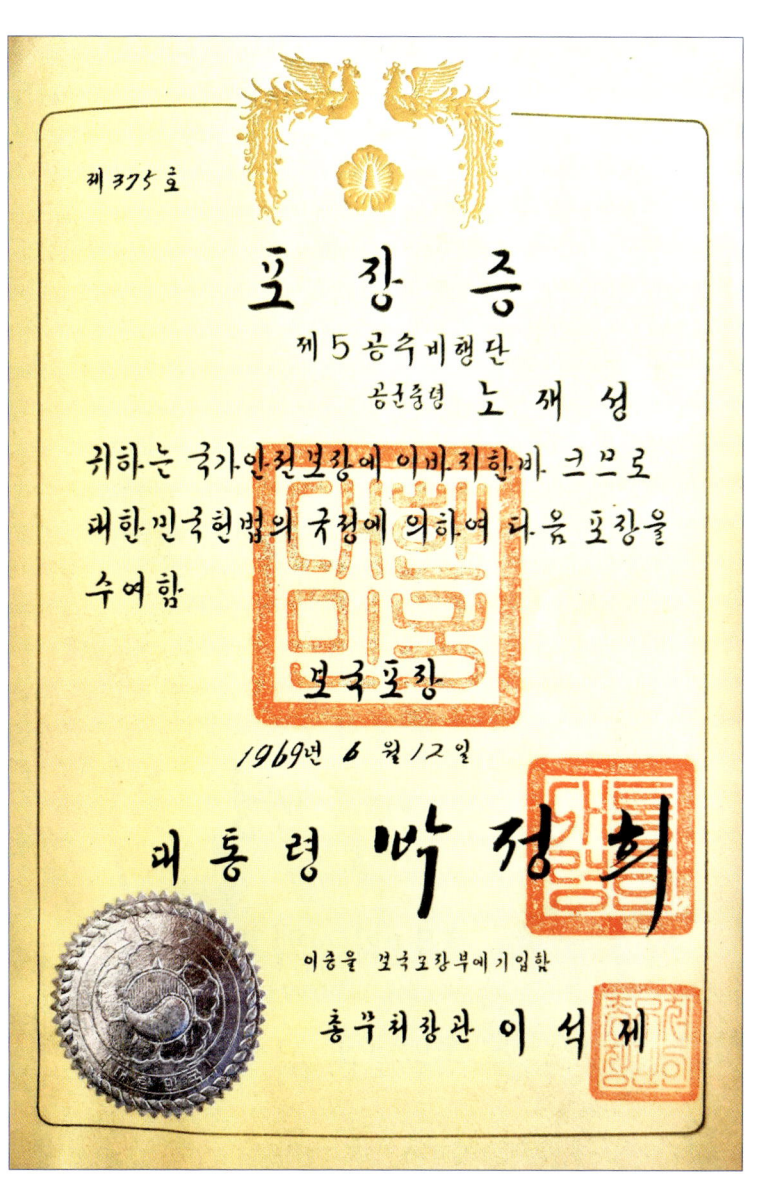

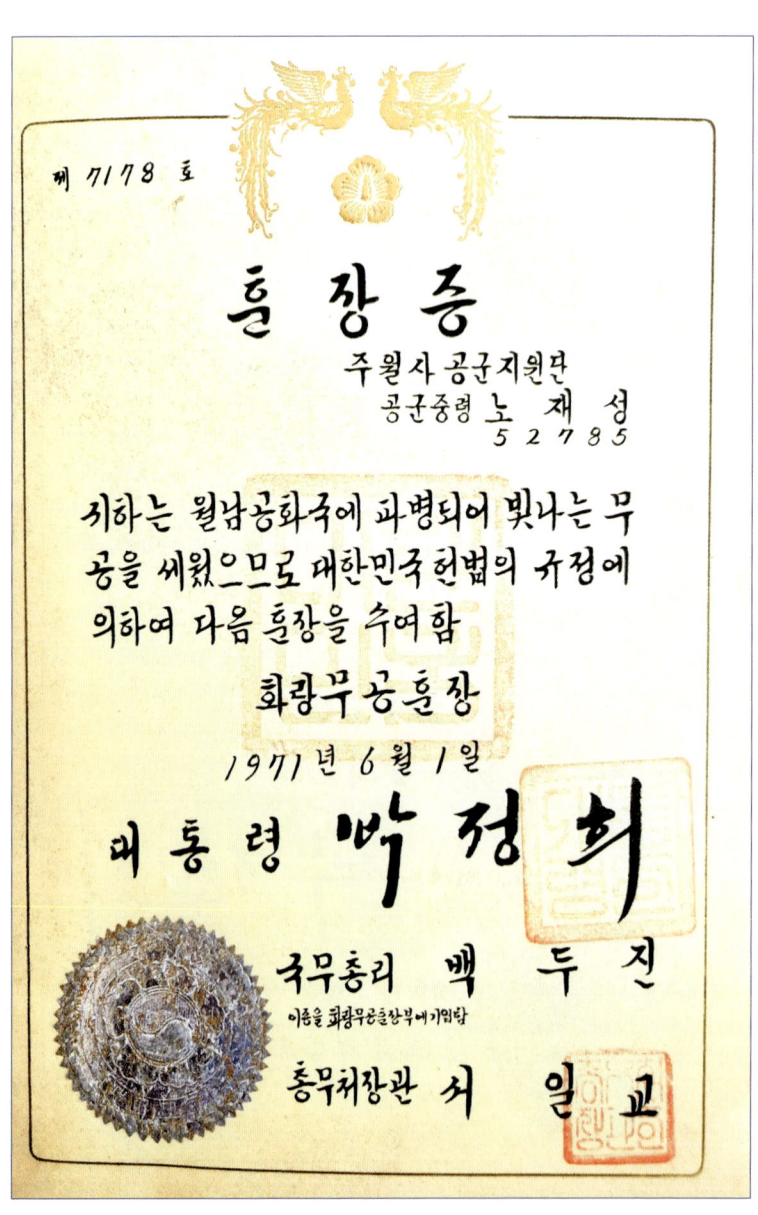

국가유공자증

노재성

우리 대한민국의 오늘은 국가유공자의 공헌과 희생위에 이룩된 것이므로 이를 애국정신의 귀감으로서 항구적으로 기리기 위하여 이 증서를 드립니다

1993년 6월 1일

대통령 김영삼

이름을 국가유공자등부에 기입함 제 10-8229 호

 국가보훈처장 이병태

참전용사증서

노 재 성

귀하는 6·25전쟁과 월남전에 참전하여 자유민주주의 수호와 국가발전을 위해 헌신하였으므로 그 명예를 선양하기 위하여 이 증서를 드립니다

1998년 5월 14일

대통령 김 대 중

이 증서를 참전용사증서부에 기입함 제31-10-30호60 호

국가보훈처장 김 의 재

국가유공자 노 재성 님

6·25전쟁 및 월남전쟁 참전

대한민국의 이름으로 감사드립니다.
고인께서 보여주신 희생과 헌신이
우리나라의 자유와 평화, 번영의
기반이 되었습니다.
영원한 안식을 기원합니다.

✈ 각종 기록 등

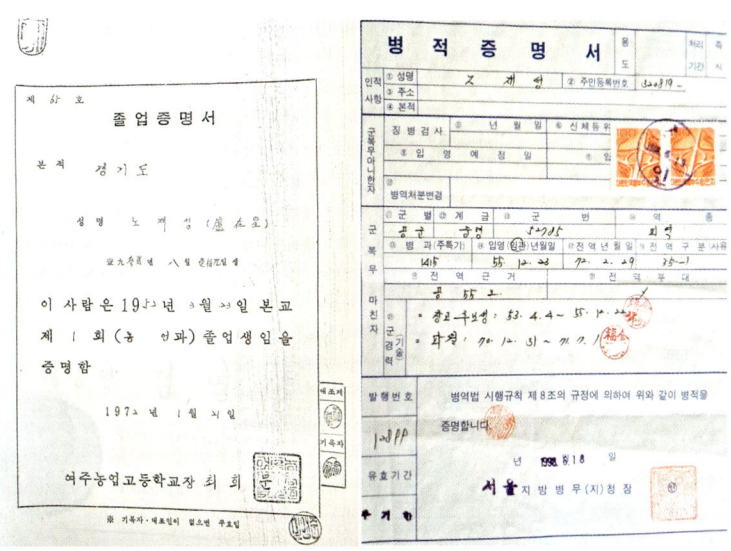

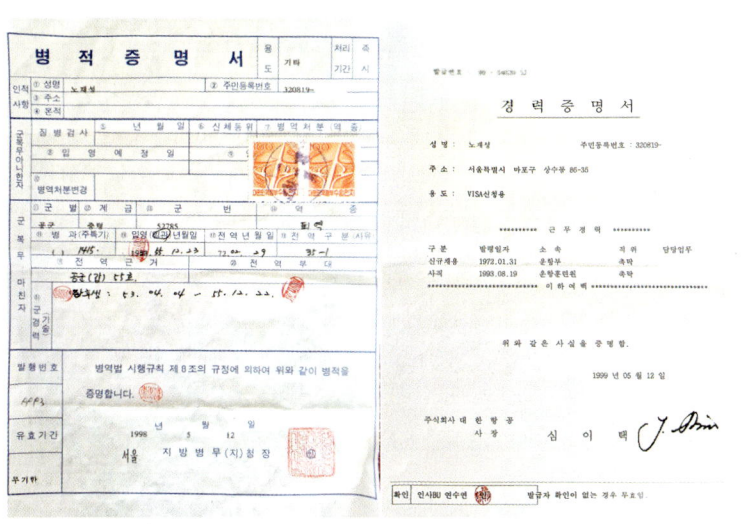

❋ 훈장·포장 등 | 265

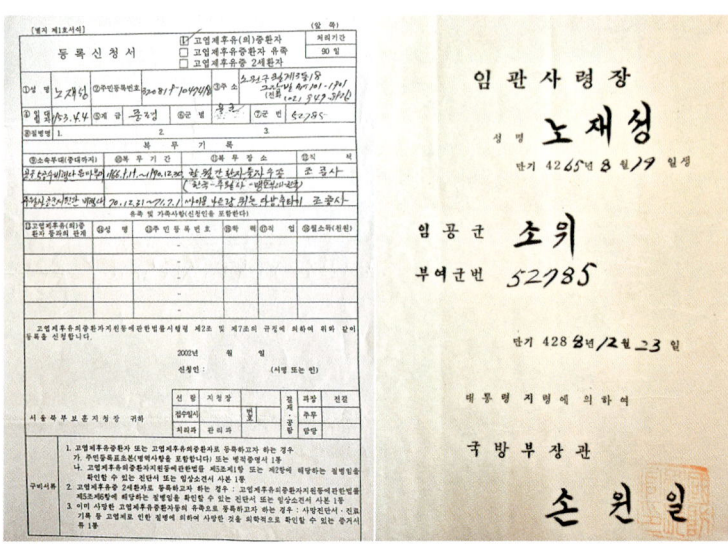

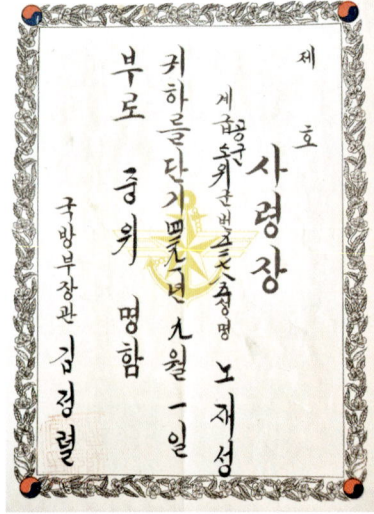

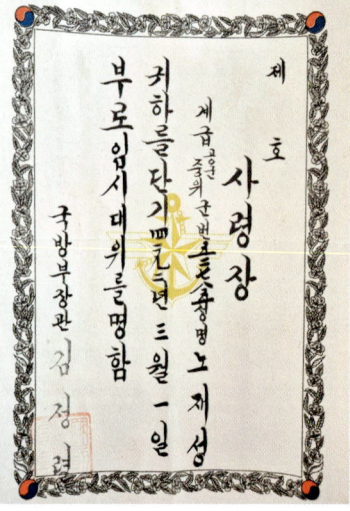

박순자 저자의 회고록(손 글씨) 등

①

이 기록은 제 남편의 이야기 입니다
여주 촌놈이래요
가난한 집의 6남매중 가운데 형님두분과 누님 한분 동생이
둘 그런데 고집이 세고 성질이 보가 난데요.
을마나 가난한지 @ 학교 갔다 집에오면 엄마가 밥을
얻어서 어디만큼 왔을것이다 집에 도착했다 이렇을
몇번 되새기면 엄마가 오셔서 밥을 먹었데요 할아버지
께 물려 받은 논 별마지기를 놀음으로 다 날리고 아주
가난했나 봐요 본인말에 의하면 못먹어서 키도 작고 몸도
약했대요 그래서 어릴때는 마라리아를 자주 앓았대요
그러던 학생이 고등학교시절 의형제를 맺었대요 그것도
10형제나 돼요 그 중에는 여주 유지 집안이예요 그중에는
현지 군수님 아들도 있고 아뭍은 온 학교 선후배기
그 10형제를 다 부러워 했다요 그런데 그 형제 둥에
제일 못 살고 였는데, 그 1학년때 엄마가 자궁암으로
돌아 가셨대요 그러니 불쌍하다고 형수님이 차려준
밥 말고 친구 엄마가 아침에 가도 밥얻어 먹고 점심은
집에서도 밥먹고 그래도 수학을 잘 했데요 그 수학을
하게 된 원인이 수학 선생님이 교과서도 없이 칠판에
문제를 풀는데 너무 멋 있더래요 그래서 수학에 재미
를 붙이니 너무 재미가 있었대요 그러나 그 시골에서
농사를 지을래도 땅이 없고 한데 어느날 10형제 제1
큰형 댁이 정미소를 하는데 그걸보고 기술자가 되어야
겠다는 생각을 했대요 여주는 쌀 농사만 짓는 곳이니
기계가 돌아가는 거라고는 오직 정미소 밖에 없었대요
그르다 3학년이 되었는데 친구아버지가 자기 아들공부
를 가르쳐서 학교에 불여면 대학을 보내 주겠다고 해서
열심히 공부를 했는데 3학년때 등록금을 못내서

입학 원서를 쓸 수 없다 그래요
그 해 6.25가 터졌으요
 대주로 피난을 갔는데 이불을 하나 질머지고
갔대요. 피난생활을 하는데 동창생들 6명이 놀이
떠났대요 들판에 타작한 다음이라 짚더미 속에서
잠을 잤대요 그 중에 한친구가 키가 큰 친구가 있었
는데 논두렁위에 서 있다가 학도병으로 붙들려가
그길로 전사 했다고 해요 일행이 가지고 있는 돈이
다 떨어져서 며칠을 굶었는데 마지막으로 이불을
팔아 대주 현매청 골목에 떡장사 밥장사 망부 피난
생활을 하는 사람이라 이불 판 돈을 헙부터 다 사먹
었대요. 그래서 서로 어디 불수도 없고 말도 못 하고
버터려 죽는다는걸 해항 했대요 그러든중 학생들
이 불들려 갔는데 설날이 되었는데 설이나 밥을
얻어 먹으러 여 주는 주먹밥도 주지 않고 내 쫓았대요.
밥을 얻어먹으러 나갔는데 주변 병이들이 없어 어느집 대문이
열려 들어갔는데 강독대 위에 가래떡 쌓여 놓은게 있어서
주머니에 한떡 집어넣어 돌아 왔대요. 그러다가 경남
영영이 유형을 해서 받은 희생자라 남는데 그래도 소위란
계급 덕분에 살아 남았대요 그런데 수복이 된 거래요
몰래 탈출 해서 고향으로 돌아와서 점심으로 공주내
사병으로 들어 갔는데 훈련 받는 도중에 벽보를 보고
조종 2부 후보생을 뽑는다는걸 알고 지원 했대요
다행히 합격을 했답니다 그때부터 군인생의 조박이
시작 했지요

③

울타리 밖에는 뚝 장수들이 있는데 모두를 사먹었는데 그 중에 양식빵을 친구들은 12개를 사서 10개를 팔면 본전을 빼고 두개가 남으면 그걸 먹드래요 우리로 거들 해보자며 한친구가 제한을 했는데 다른 사람떡은 사드메 자기에 뚝은 아무도 안사드래는 거요 알고보니 자기네 뚝이 크기가 작아서 안팔렸다는군 그래서 우리는 촌놈들이라 장사도 못하고 다 나눠 먹었대요.

전투기를 연습했지요 성적이 우수해서 단독 비행을 했는데 어느날 엔진 고장으로 남강 백사장에 불시착을 했지요 백사장에서 인가와 거리는 3~4K 정도되어 몰려온 주민들은 사람이 죽었나 살았나가 아니고 비행기가 떨어졌으니 주워 갈것이 많겠거니 하고 왔는데 사람이 나오니 그 때 부터 그 통신이 안되니 연락해주는 사람 죽을 쑤어다 주는사람 모두가 고마웠고 부대에 연락이 되어 잘 마무리 하고 훈련비행이 끝나서 이제 전투기를 타느냐 수송기를 타느냐 양갈래에서 수송기를 선택햇는데 다행이 내가 원하는 대로 대구 동촌 비행장에 왔지요 그 때가 중위 였어요 중위가 되면 내무반에서 밖에서 나가 생활 해야 되기 때문에 함께 밥을 해주는 밥집이 있었어요 아침,저녁은 그기서 먹고 잠은 방을 따로 얻어 살아야 했으요 그 때 부터 내 운명이 시작 됐지요 밥집에 방을부탁 했는데 지금의 제 아내의 삼촌집에 방이 있어서 그기서 시작 했지요 그때 아내의 할머나가 동네 친구분에게 우리 손녀 좋은 신랑감 있으면 소개 하라고 했는것이 인연이 되어 지금에 아내를 만 났지요 그런데 얼마나 말랐든지 보기가 좋지 않았으요 그래도

(4)

옛날에 제 지인이 여자를 사귈때는 지금의 부자도 아니고 그렇다고 가난한집 딸도 아니고 부자로 살라구 몰락한집 여자가 뭐일 좋다는 말을 그때는 지나가온 말로 들었는데 이여자가 그 여자가 아닐까 하는 생각이 들었으요 그래도 다리를 놓았지요 그런데 집 주인도 제가 마음에 괜찮다 했는지 쾌히 승낙이 떨어 졌으므로 어느날 엄마가 작은걸에 심부름을 시키는 군요 그래서 갔더니 웬 남자가 집에 있었으요 그러나 우리 삼촌 댁이라 방에 들어오라기에 들어가 엄마 심부름을 전하고 왔는데 그때 저를 받나 봐요 몇일 후 데이트 신청이 왔는데 안나가 겠다고 하다 좀 어룰 하랗아 나만 몰랐던 것이 그래 나갓지요 첫 데이하러 인데 합승을 타는거에요 그때는 합승이라는 함께 타는 택시가 있었으요 우선 남자가 여자를 처음 만나는 합승을 타고 해서 깜감이 시작됐으요 다음코스는 밥을 먹으로 가는데 양식도 아니고 한식 불고기 집으로 데려 가는거에요 그거서 또 깜감이에요 그런데 화로 불을 내 오른쪽에 놓는 거에요 고기를 내가 뒤집을수 밖에 없는 하지 뭐여 고기를 굽다가 허읗 쳐다 보는데 세상에서 그렇지 못난 사람 처음 봤으요 그러니 밥을 먹는둥 마는둥 하고 다음 코스는 극장을 갔는데 그때 무얼 봤는지 몰라요 시간을 다 떼우고 집에 와서는 그렇게 못난 사람이 세상에 어디 있느냐고 시집 안간다고 엉엉을 떨어 말을 하니까 동생이 언니는 남에 남자와 점심도 먹고 영화도 보고 시집 안가면 안된다는 거요 그래 나더러면 안되는 줄 알았으요 부랴 부랴 약혼을 했으요 다음해에 결혼 하기로 했는데 신랑이

⑤

매일 연탄불을 꺼 터러니 그게 힘드다는 핑계로 부랴
이해 안에 결혼식을 올리자는군요 그래서 시작이
됏지요 밥집에서 저녁을 먹고 우리집에 오면 할아버지
할머니 방에서 30분을 말씀듣고 건너가 바라 해야
우리 방으로 건너오는데 그때는 엄마 동생들이 있는자
리에 화로에 불만 뒤적이다가 10시가 되면 가는데 식구들
이 대형 마루에 섯고 저는 따라가 대문 열면 밖에서
손 한번 잡아 보는게 전부예 일요일에는 데이터 했지요
그래도 넘 부족 햇지요 너무 검소한 사랑이 제 마음 에는
부족했으요 개봉관 문안 영화한편 못보고 단하나 진실했지
요 그 해 안으로 식을 올리자는 거예요 그래서 따랐지요
그런데 그 동안에 모아둔 돈은 없고 10만 환을 내놓으며
집도 얻고 혼수를 하라는 거예요 그 때 양단 치마 저고리 한벌 값이
한 3만 환 정도 햇으니 그러면서 패물로 금반지 두개를
내 놓으며 반지 하고 옥거리를 해야 하는데 수공이 더나 이것을
그냥 가지면 안되겟느냐는 거예요 또 더 기가 막히는 소리는
아빠리와 형님이 결혼식에 참석 하시니 여기서 여비도 드려
야 된다는군요 그런데 우리집도 다 망하고 엄마가 삯
바느질을 하며 살림을 꾸릴때니까요 그러니 그런대로
10달 월세방을 얻어서 월급날 까지 살만큼 엄마가
다 차려 줫지요 그렇게 사는데도 행복했나 봐요
한달 월급이 2만원도 채 안됐으요 그런데 은행 대위
진급을 하고 월급이 또 오르고 해도 저는 주로 않고 살줄
을 잘 몰라 그의 적자 나면 엄마가 메꿔 주고 그랫으요
그렇게 사는데 어느날 태윤을 하드니 막내 동생이
고등 학교를 졸업했어요 대학을 보내자고 했으요 그때쯤
남편은 야간 대학을 가라고 권하고 있었는데 자기가 가지
않고 동생을 학교 보내자는 거예요 너무나 황당하나 그만큼

①

광에 젖어 오라고는 했는데 단간 방에 동생하고 한방에 거취를 시작했지요 시골 농업고등학교를 나왔으니 그때부터 1년을 학원에 다녀 다음해에 경북대 문리화학과에 들었지요 그러다 학비대고 생활 하기가 어려운데 아기가 태어 났지요 그래서 젖먹는 양을 한마리 사 학비에 보태고 생각하고 지금을 어려 살는데 잘 해나가나 했는데 1년도 되기 전에 양이 소아마비가 왔어요 그래서 젖은 나오지 않고 양을 잡아 먹고 말 았지요 결혼예물 금반지도 학비에 날렸지요

그래도 행복했어요 못산다는 생각도 안했어요 그시절은 다 그럼게 가난하게 사는줄 알았으니까 시동생이 군대하고 알뜰이 모아 결혼 10년쯤 내 집을 샀으요 졸업을 하고 나니 취직이 않되는 군요 그러서 수학교사를 또 공부를 해서 중학교 교사가 되기까지 동생이 우리집에 온지 10년 안에 결혼을 해서 내 보냈지요 그 동안에 나도 나이는 어리지 을마나 미워 했는지 몰라요 그렇지만 제일 가까운 동생이에요 국수를 먹는 날은 미워하지 않고 서로 배불리 먹든 시절이에요 셋방 살이를 10년 동안에 이사를 10번 점도 했으니 나는 집을 사면 셋방을 주더라도 그러지는 말아야 겠다 생각 했으나 셋방살이의 설음은 격어 보지 않는 사람은 몰라요 우리 집이 있다는게 이렇게 좋은건지 부자로 사는 사람은 모를만큼 행복했음 세월이 흘러 소령이 되었지요 그런데 큰아이가 몇살 때 였으요 처음 비행기를 타 봤으요 아이를 데리고 고공에 있는데 무엇인지 모르지만 마음이 아팠으요 아이는 너무 좋아 했지요 아마 국군에 날인지 기억이 잘 안나 해요 두번 2째 비행기를 탄 것은

여름 해수욕을 가는데 동행으로 갔어요 그때는 소령 때니까 여러팀들이 많이 갔는데 그중에 인솔자 맡겼 없이 우리 식구는 조종석 바로 뒷칸에 탔는데 가는도중 에 엔진에 이상이 생겼는지 조종사 들이 우리 좌석앞을 서로 교대로 들락 날락 하더요 그래도 안되는지 그 때까지 숨도 않쉬는 광경을 목격 했으요 무원 사건이 났구나 짐작만 했는데 남편이 일어나 최종 지시를 어떻게 했는지 포항까지 잘 갔으요 아무도 묻는사람도 없고 해명하는 사람도 없이 그런시간 이 있었요 그런데도 저는 불안하지도 않고 무섭지도 않고 남편을 신뢰 했나봐요 저는 조종사 아내가 되어 위험 하다는 것을 빨리 못 느끼고 살았으요 우리 할머니가 늘 하신 말씀이 내 손자는 거런일로 없고 다 잘 될것이니 걱정 하지 말라시던 말씀이 어떤 급한 일이 생기면 우리 할머니 말씀이 생각나 두려움을 면했나 봐요 모던 일의 길잡이는 우리 할머니의 생활과 몰랐는 말씀이 교과서 였어요 할머니는 학문으로는 무식 했지만 머리도 좋고 지혜 로 왔나 봐요 제 결혼에도 엄마는 비행기 타는 사람이라고 반대를 했는데 할머니가 우겨서 결혼을 했어요 모든것이 자기가 울타리 여기면 울타리가 않으니 아무도 거역할수 없었지요 할머니가 잘 판단 하신거지요 평생동안 올바로 정직하게 산 사람이니까 저남 가난하게 살자라서 너무 검소함을 넘어서 짠돌이라 불만에 없어요 저는 너무 힘들었으요 지금 생각해 보면 그 검소함이 가족을 지키는 주춧돌이 되었음을 그 양반이 간 빈자리가 이렇게 크고 중량을 늦게 알았지요 제가 먼저 갔다면 몰랐을 것을 하느님이 나를 더 사랑해서 뒤우치고 오라고 먼저 데려갔 나봐요 아들 딸은 우리마음에 부족하지만 손자 손녀는 너무 소중하고 손주들이 아주 잘 해요 우리 장손은 저의

*** 박순자 저자의 회고록(손 글씨) 등

⑧

손발 노릇을 다 해요 자생해서 물어면 잘 가르켜 줘요
3째 막내가 태어났을때 월남전이 한창이었지요 그래도
수송기(C46)를 탔지요 그래서 수도 없이 왕래를 하드니
6개월 파월사 대대장으로 왔으요. 편지를 우편으로 보내
지 않고 늘 인편으로 오고 갔으요. 편지 내용이라야 열줄도 안
돼게 쓰 보내는걸 또 읽고 또 읽고 그게 사랑이 었섯나 봐요
몇 개월이 지나서 사진을 새로 찍어서 한짱 보내달라기에
밤을 세워서 아들 두명용에 세라를 데 입혀서 사진을 보냈리
요 겨울 세라는 사 입인다고는 생각도 안했으요. 6개월이 끝나
나 갈던지 드디어 귀국날짜가 정해져서 대구에서 오빠하
고 동생 남편과 3명이 김포공항2라기 고속빼스로 김포공항
에 도착했는데 가슴이 얼마나 두근 거리든지 밖으로 나오는데
반갑지요 그 때 부터는 늘 같이 있는 사람같이 화목해 지든교
집이 도착 했는데 그때는 월남 한번 갔다오면 전기제품 TV
후라이팬 밥솥 별의 별것을 사오고 그들 때인데 우을 사온지
아니요. 미군들이 쓰다가 귀국 하면 중고 사량에 런기제품
사기 파는게 있어요 그 물건 중에 에어콘 1대 후라이팬은 늘
나 찌그러졌든지 그걸 사온거씨요 그런데 내가 얼마나 원망
을 했겠으요 그러면 한다는 소리가 남들은 집에서 돈을 가
져가 사오지만 자기는 달러 모아서 산거라며 자랑스럽
게 말 했으요 저도 저런 남편을 두게 말로는 불평을 했지만
얼마나 자랑스러웠든게요 어느 령비사 부인이 자기 남편이
자기 에게 들려 준말인데 참모 회의 하는걸 보면 다른 사람
은 말도 못하고 있는데 네 남편은 거리낌 없이 당당하게
한다고 했다며 내가 그 말을 전달 해 줬으요 저는
우리 아이들에게 역대 어떤 훌륭한 분을 본받으려
하지 말고 아버지 할아버지를 삶을 교훈 삼으라고
가르쳐요 그러면 아들딸은 알지만 손주들은

㉠

할아버지를 잘 모를까 봐 제가 이것을 기록해야 겠다는
생각이 들으가고 있어요 그대는 대통령 전용기 부대라
없이 휴가 가실때도 군비행기로 가셨는데 그때 진해로 가셔
서 한번은 굴을 많이 주셨지요 그때 그 굴 맛본 아파
평생 먹은 굴 중에 제일 맛있었어요 또 그 번은 한산 모시
한 필을 주셨지요 육영수 여사의 하사품이라 지금도 그대로
간직 하고 있답니다 몇 몇 을마지나 그대가 김포공항
으로 왔으요 그때 대대장으로 왔지요 대구를 떠나는게
처음이고 객지를 오니 을마나 두려웠는지 8동 후략이었어
그렇게 큰 글 힘 알았으오 관사를 줘서 이사를 왔는데
우울한 재물이 더군요 집들이를 하라고 해서 손님을 모였는데
모두 을마나 멋쟁이 들인지 점심을 먹고나니 화투판을
벌였으요 그런데 우리는 거것 5원짜리 10원짜리 만화투나
쳐 봤는데 만단인가 하는것을 하드군요 술거리를 마치고
뒤에서 구경을 하고 있는데 주인이 안 하면 안된 다는군요
가르쳐 줄 테니 하라고 졸라서 했는데 돈을 잃었으오
그것이 끝이 아니라 장짜 리에 들었는데 화투장이 현장이
왔다 간다 해서 잠을 잘수가 없어 남편한테 이야기를
했더니 돈을 을마나 잃었는지 자기가 줄 테니 자라고 했으오
그런 세월도 추억이 되었네요 그 부이 대대장 이라는
직함이 을마나 자랑스러운지 우리 남편이 이 나라의
대통령을 모신다 생각하니 을마나 자랑스럽든지 그 자부심
을 쳐다보지 않는 사람은 모를 것입니다 그런데 그 자리도
외로왔으요 우리는 배경이 없는 사람이니까 자꾸만
치고 올라오는 거요 이러다간 안되겠다 며 이뢰 제대
를 하자고 둘이서 결정을 했지요 그래서 윗사람을 찾아가
밤을 했더니 안된다는 거에요 대령은 올라 갈것이고 장군은
힘을 써 줄테니 거낭 있으라는 사 연으요 우리는 힘도

가장 효과적인 수학공부 개념+유형

⑩
집도 돈도 없고 하니 꼭 재대를 시켜 달라고 졸랐어요
대령을 달고 나면 민간 항공에 가기가 어려우니 지금
나가야 한다고 때를 썼지요 한창 비행기를 탈 때니
재대는 염두도 못낼때 였니다 제대해 나가는 사람은
무던 차라 있는 사람들만 나가서 항공사에 갔으니까
우리는 래주 부릴돈 모르니 월급을 많이 주는 민간 항공
회사로 가야 한다면서 총장님, 차장님을 찾아 간덕에
그 덕에 겨우 재대를 했으요 퇴직금을 타서 집도 장만
하고 대한 항공에 들어 왔지요 처음 들어 갔으니 국내선
부기장이 되었지요 그런데 바로 기장이 되었지요 그리고 을이
안되어 국제선 부기장이 되었지요 그야말로 일사 천리 행진
이 였지요 그러다 회사 에서는 없는 일인데 국제선 기장이
되었 었는데 에어 프랑스 비행기로 또 갈아 탔으요
그를때 마다 되는 너무 자랑스러웠으요 그때도 남편
은 대한항공을 이용하는 대통령을 모셨으니까요 박
정희 대통령 최고회의 의장때 부터 하늘 나라로
가실때 까지 전용기 조종사 였으니까요 레 자존
감이 너무 높았지요 군대 있을때는 수송기를 몰고
국회 의원을 수십명 태우고 대만을 갔는데 기후가
갑작스럽게 나빠져서 그 자리가 쌍 발기 인데 엔진 하나
가 고장이 났나 봐요 탑승자 들은 다 죽었구나 생각
했는데 그대로 가연 산을 들이 받을뻔 했는데
각도를 들어 한명의 부상자 없이 착륙을 했다고
대통령 보훈포장 훈장을 받았지요 그날밤 꿈을
꾸었는데 우리 부엌에서 광독대가 좀 먼데 간장 종지
를 들고 간장을 떠 가지고 부엌에 오니 간장이 다 쏟아
지고 없는거에요 잠을 깨 시계를 보니 밤 3시 경 이에
서 나올때도 꿈 해몽을 했지요 간장이 나가 죽지는 않었

①

기름이 샜나 그런 생각을 하면서도 어깨 두려운 마음이
들지 않았으요. 이튿날 이웃에 있는 남편 동기생
집에 들렀더니 남편 비행기가 고장이 났는데 한국에
서 부속을 가져가야 되니 며칠 있어야 올거라는 군요
그 다음날 대대장 부인과 동기생 부인이 우리집을 놀러 왔드군요
알고보니 제가 걱정이 되어 왔었나 봐요 저는 거짓도 모르고 점심
을 먹고 마루에서 놀고 있는데 남편이 양손에 가방을 들고
마당 한 가운데 들어왔으나 올바나 반가운지 가방을 받을
생각도 하지 않고 목을 껴안고 매달렸어요 말은 하지 않았지만
속으로는 얼마나 걱정이 되었겠어요 그 때부터 그 친구들에게
늘 놀림을 받았으요 제가 람렴 쳐이 나요 남편의 소중함을
느실감 했어요. 그렇게 세월이 흘러 제대를 하고 민항기를
타게 되었어요. 또 어녀날봄이 있지요 빨래를 늘고 있는데
수송기 한대가 공중을 돌고 있었는데 주인집 아주머니가
애기엄마 신랑이 마누라가 우얼하고 있나 궁금해서
내려다 보나봐요 그 때는 농담으로 이야기 했는데
저녁에 남편에게 오늘 이야기를 했더니 정말 남편
이지 뭐에요 바퀴가 나오지 않아서 몇번씩 돌았다는군
그렇게 세월이 또 흘러 갔지요 어느날은 퇴근을 해서 집에
왔는데 딸둘이 빨간약을 바르고 왔으요 왜 그렇느냐고
물어니 그날 백년도를 갔는데 모래가 팔려서 빨간약을
발랐다는 군요 이 범력이는 그렇게 좋이 들었어요 나중에
들은 이야긴데 기장님와 그때는 부기랑으로 탔는데 백년도는
비행장이 따로 있는게 아니고 쓸물대 비행기 이착륙을
한대요 그때 기장님은 키도 크고 신체도 무겁고 하나
쓸물이라고 해도 물이 좀 앉다봐요 순간적 판단으로 물위라
고 생각이 들어서 뒤어내리다 다리 골절상을 입었는데
남편은 평생 운동하는 사랑이라 타치지 않았으나 봐요

※ 박순자 저자의 회고록(손 글씨) 등

(12)

그른 저런 이야기 꺼리가 많아요 얼마나 가난하게 살았는지 몰라요 집에 수도물이 시간 맞춰서 나왔는데 우리집에는 수도가 읎고 옆집에서 수도물이 나오는 시간이면 물질부터 멀리 받고 나면 물통을 줄로 서서 받았는데 남편이 저녁을 떤저 먹고 물을 받는데 시동생이 그때 대학다닐때 옛는데 밥을 먹는데 무엇때문인지는 잊어 버렸으요 제가 잔소리를 했나봐요 그런데 시동생이 상을 엎어 버렸으요 그러나 얼마나 또 잔소를 했겠으요 그날이 토요일이오 둘째가 감기가 몹시 심했었는데 애기 젖을 먹이고 있는데 남편이 오더니 내 뺨을 후려 치는군요 그 행동이 아마 나중에 생각 해보니 용상을 때릴수는 업고 내가 대신 맞지 않았나 해요 그 길로 애기를 업고 소아과를 갔는데 큰애를 데리고 병원에 따라 왔으요 집으로 오면서 잘못했다고 앞으로 죽을때까지 이런 일은 없을 거라고 사과를 하는군요 저는 술을 먹을줄 모르는데 저녁을 먹자는데 술을 사달라요 했어요 술 취한 척 하고 대들어 보고 싶었는데 한잔을 다 먹었는데도 아무렇치도 않는 거에요 그런데 한잔을 더 시켜주는 거에요 그래도 아무렇치도 않는 거에요 알고 보니 젖을 먹일때은 막걸리 한두잔은 괜찮타는 군요 그기다 약이 올라 있어니 술이 취하지 않았나봐요 저는 남편하고 나이 차가 육년이나 되니 애를 많이 태웠나봐요 반찬 한가지에 속상하고 올 때문에도 속상하고 집때문에도 속상하고 오형제중 씨째인데 외 우리가 저 시동생 공부를 시켜야 하는지 챰 헐없이 울었어요 남편이 얼마나 힘들었겠어요 이사는 외 그리 자주 하게 되문제 병두리로 이사를 갔어요 동촌강 옆으로 갔는데 아이들이 작은 애가 세살때 인가봐요 간식이 될꺼하니 매일 사 줄수는 없어니 만들어 먹이는게 일이였어요 그날도 호떡을 구워 주는데 아공이가 툇바루 밑에 앉어서 연탄불 위에서 호떡을 다굽

⑬

아궁이 뚜껑을 덮을려는데 호떡 두개를 양손에 들고 아궁이 위에 빠졌어요 한번 상상해 보세요 저는 아이를 정말 반개 듯이 들어 올렸지요 아이는 울고 어쩔 줄 몰라하는데 주인 아주머니가 아기 아빠한테 전화를 하라는군요 전화를 했는데 부대하고 거리가 한 2Km이나 되었나 봐요 금방 앰브란스가 왔어요 아이만 내 팔에서 뺏아 가지고 차를 타고 가버리는 거요 그때 제 심정은 저는 애기를 키우는 뒤요고 주인이 따로 있더군요 얼마나 무서운지 시간이 얼마나 흘렀는지 아빠가 애기를 데리고 왔음요 연탄 아궁이에 떨어졌다는 팔에 얼마나 놀랐겠어요 하느님이 도우셨는지 데루리(엉덩이)만 하얗게 약만 피고 괜찮았어요 그때는 정신이 들어 아이는 조금 데었을 뿐 괜찮다면서 위로를 했어요 병원에서 까지 갔다 왔는데 아직도 양손에는 호떡을 쥐고 있었어요 그러던 아들이 벌써 60대 중반이 됬네요 아이들의 옷은 여름옷은 제가 만들어 주고 겨울에는 쎄타를 떠 줬어요 그런데 그때는 제가 왜 이리 가난한지도 몰랐고 다 그렇게 사는 줄 알았고 그래도 주말이면 강에가서 모래 장난도 하고 낚시질도 하고 그러다 짜장면 한그릇이면 얼마나 즐거웠 쥐꼬리 만한 월급을 타면 방바닥에 타 주고 봉투를 꺼내 종목 별로 넣어서 아껴 부어 끼워 놓고 썼는데도 한달을 지나면 또 오자라고 제가 살림을 잘못 했어요 아이들이 자라서 학부형이 되었음으 제 아버지도 대구국민학교 졸업생이고 하도 그학교를 입학했고 또 제 딸이 그 학교에 들어 갔음요 그러나 저는 해방이 되면서 고향 경산군 자인면 자인국민학교로 전학을 했고 제 딸은 서울로 이사를 왔어요 그래도 대구 국민학교에는 제 남편이 만들어 준 세계의 화폐돈과 검은 모래를 하와이에서 만들어 가지고 온 표본이 학습재료로 있을거에요 연구회 보존 하겠다면요

⑭

해방이 되어 자인 국민 학교로 전학을 가는데 우리 집에서 학교가 2K 정도 되었는데 그때는 말 두필이 끄는 가마 아차라고 했으요 오빠하고 타고 학교를 갔는데 운동장에 놀던 애들이 동물원 원숭이 구경하듯이 모였어요 왜 그런지 나중에 알았는데 그때 우리집은 대구에서 그 유명한 반월당 사장님이 저의 아버지 였어요 저는 빨간색 코트를 입고 오빠는 호피 무늬코트를 입어서 애들이 생전에 못보든 옷이 였대요 그런데 그때 부터 우리집이 몰락하기 시작 했으요 수백석이 수십석이 되고 그래도 지금생각하면 점이소도 둘이나 되고 과수원도 있고 할아버지가 오빠하고 저를 데리고 들판을 가리키며 다 없어 졌지만 그래도 너희들은 괜찮을 것이다며 우리 할머니가 우리 집안이 망할려고 내 우리 손녀가 아들이었으면 하는데 하였으요 제가 똑똑하다고 생각 하였나 봐요

제가 6학년 때 였어요 6.25 사변이 났으요 전시생활이라고 수업시간이 있었어요 우리 지도가 자꾸만 없어지고 대구 부산만 남았으요 하늘에는 색색이 라는 비행기가 날라 다니는데 처음 그런 비행기를 보고 어떻게 뛰소뒀어 사람이 저런 재주를 가졌을까 하고 하늘을 쳐다보고 했는데 어느날은 우리집에 우방중에 대문을 두드려서 나가보니 충청도에서 밀려온 피난민이 우리집에 (개중에) 50명이 백당이 되었어요 엄마는 매일 같이 주먹밥을 그 많은 사람을 해 주었어요 엄마는 키가 아주 작아요 그러니 그 많은 주먹밥을 만들때는 봇두막에 올라 앉아서 했어요 그렇게 그래 여름을 지냈지요 그러든 세월도 지나고 수복이 되어 다 돌아 갔어요 우리 세대는 참많은 일이 있었어요 그랬든 제가 조종사 아내가 되었어요 참 세상 일이란 모를 일이지요 저는 그때 피난민 들을 돌 보는 편이었어요

고향에 돌아온 남편은 졸업을 하고 공군 소위로 군대를
갔는데 훈련이 끝날 처음에 벽보를 보고 조종간부 후보생을
뽑는다는걸 알고 시험을 쳐 붙어서 조종사가 되었대요
훈련 비행을 마치고 대구 비행장으로 온것이 운명으로 저를 만났
지요 그러든새 댁이 벌써 아이가 셋이나 태어 났어요
늘 퇴임하면 가족을 어떻게 부양하느냐가 숙제 였나봐요
저희는 땅도 없고 재주도 없고 해서 전역을 해서 퇴직금을 좀
더 받는대로 결심을 하고 제대를 하고 비행기를 타기시작
했으니 늘 가족이 걱정인데 그 때 일본에서 나온 말이
조종사 들은 퇴직하고 오년안에 사망한다는 그런 이야
기가 있었어요 얼마나 알뜰이 저축을 했지만 자기 그릇
이 있다는걸 알았으요 아무리 저축해도 어떤 액운이
와서 쓸어 가는 거에요 큰애가 고등학교 둘째가 중학교
막씨가 다섯살이니 그때 아무것도 없이 저가 되었어요
돈은 하나도 없고 집도 없어지고 남에게 줄 돈만 남았어요
그런데 남들은 죽을 결심을 한다는데 저는 죽을수가
없어요 억울 해서 알뜰히 산죄가 이런건가 만약 내가
죽고나면 돈떼먹고 죽었다는 오명만 남을것이 두려워서
죽을수도 없었는데 그때 어떤 지인이 저를 찾아와
자기가 일을 줄테니 저는 몸만 뛰라는 거 였으 그런데
너무 무너지니까 용기가 나지 않아서 있었는데 여러번 찾아
와서 자기도 살고 저도 살길이니 해 보라는거요 그 때 남편이
어름의 부탁이니 집에 앉아서 거절 하지 말고 찾아가서 정중히
거절 하라는 조요 그래서 찾아가서 마지못해 승락을
했으 그 일이 가내 공업인데 일본 수출이 한창인 저라
제가 한번도 해 보지 않은 일을 저가 일본 배워 와
가르칠수 있으니 배워 가면서 가르치기 시작 했는데
하루 종일 말을 하고 움직이고 나면 숨을 쉴 힘도

⑯

없다는걸 그때 알았으며 산동네에 그 많은 사람이 산다는걸 첨 알았으며 생활 한다는게 그렇게 힘들다는걸 배웠으며 얼마나 많은 서민들이 많다는 걸 알았고 그때 세상 삶이란걸 배웠으요 얼마나 열심히 했는지 평생갚아도 못갚을것 같든 빚을 일년안에 다 갚으라하고 3년만에 작은 집도 장만하고 그때 부터는 뭐 그릇이 그만 밖에 안된다는걸 알아서 절때 적으로 과하지 않게 욕심을 내지 않기로 마음을 먹었지요 차곡 차곡 저축해서 큰집도 사고 시골에 전답도 사고 서울에 상가도 사고 남해에 농장도 사고 했을때 남편이 당신고생 했다기에 아니라고 온가족이 다 합심 했기에 오늘이 있었어니 서로 고맙고 감사하다고 했지요 돈을 모을 동안에 석달동안은 목표 달성을 위해 죽수만 먹었은 적도 있었고 며추치 한마리로 앉능고 된장찌개를 해 먹었으니까요 정말 지독하게 살았으요 그렇게 한결과 서울에서 큰집은 아니지만 3남매 결혼해서 다 남에집에 살지 않고 집도 사주고 제 친구가 하는말이 사는데 그렇게 망했어도 제가 드 잘산다는 군요 아마도 사람이 따라 자기운명을 어떻게 사느냐가 중요 한가봐요 그것을 알아야 되나 봐요
그렇게 열심히 산보람으로 우리 자녀들은 아빠지 할아버 지 삶이 이 세상 어떤 사람보다 훌륭하다고 생각하니 이만하면 잘 사신것 아닌가요

(17)

광말 알뜰히 저축해서 꿈에그리든 붉은벽돌 이층집을 쏘아오
그 집에서 삼매를 다 출가 시키고 손자 손녀 6명이 태어났으니
정말 훌륭한 할아버지 잖아요. 자기가 맡은 임무를 다 하리곤잘
가봐 늘 걱정을 했는데 정년까지 다마치고 일년을 더 했음으
마지막 일년동안은 장거리 비행은 되여 늦게 떠나고 밤늦은
시간에 도착하는관계로 추울때나 더울때나 한번 그러지
않고 마중을 가야겠다고 생각하고 다녔음 어느날은
공항에 불이 다 꺼지고 나면 직원이 비행기 오는게 뭐다
며 가라고 했어요 그러서 화물기가 온다고 그러면
그러나오 그 시절에는 비쓰를 기다리면 1시간 2시간 기다
리는게 보통인지라 그래도 그시간이 을바나 소중한 시간
이었는지 참 행복 했답니다

큰아이가 대학을 들어 갔는데 세상을 다 얻었는거 같이
좋아 했고 둘째 셋째 다대학교 졸업하니 자기가 부자가
되었다며 기뻐하든일 우리 장손이 등직해서 마음을
놓아도 되겠다며 차듬말 주변 정리를 하든일 가 실때가
된것을 아셨나 봐요. 안다기 보다 나이가 90이가 넘으니
준비가 된것인지 원통하고 억울한게 돈을 모음줄만 알았지
쓰지 못하고 자신게 너무 얌타깝다고 하면 손자가 할아버
지는 우리가 잘 사는게 행복하셨으니까 괜찮다는 군요
조종사가 사고 없이 오래살다가 가셨다는건 고맙지만
너우 아쉬움만 남았어요 이글을 쓰는동안 행복했든 기억들이
떠올라 영광사진 쳐다보며 눈물이 하영없이 흘러요 자상하지는
않았지만 정직하고 충실했으며 많은 사랑 받았으오
      여보 사랑해요

⑱

비행기 기종이 바뀌어서 불란서로 교육을 받으로 갔는데 독일 교관이 한팀을 이끌어 가르치는데 말도 어렵고 하나 가르쳐도 못 따라가본즐 자기가 교관에게 자기가 가르치겠다고 하니까 그래보라는 군요 그러니 우리말로 가르치니 잘 할것이고 해서 잘 배워 왔대요 그 을마후 그 교관이 우리나라에 와서 회장님와 만난 자리에 그럴까 출중한 사람이라고 칭찬을 받았대요.

저는 지금도 남편에 고마움을 다 표현할수가 없어요 사진을 쳐다보고 고맙고 미안하다고 해요 저는 많은 사랑만 받았어요 남편을 보내고 대학을 갔어요 공부를 하고 싶다니까 하라고 해 놓고 떠났으니 내가 학교를 가는게 괜 합겠다는 생각하고 갔어요 발쓰 이년의 지나 졸업을 했어요 지금도 시니어 대학이라고 구청에 가르치는 과정이 있어 다니고 있어요 집에 앉아 있으면 건강도 나쁘고 해서 가운데 들어도 곧방 잊어 버려요 그래 갑니다 모든 것이 꿈갈이 흘러간 세월이네요 후회없이 산 인생이 있을까만 저는 남편한테 더 잘 했으야만 했는데 하는 그 반성으로 지금도 열심히 살려고 하는데 마음 뿐이지 몸도 따르지 않고 자꾸 잊어버리니 할 수가 없어요.

옛날 이야기 지만 우리 장남 어린시절인데 아빠하고 놀다가 아빠는 늘 자기와 놀아만 친구인 줄 알았는데 그 아빠가 아들과 싸우는 군요 그런데 이래 아들도 화가 나고 아빠도 화가 나서 서로 싸우는 거요 옆에서 보고 있으니 심상치 않은거요 그래도 아들은 자기가 잘못 했다고 빌지를 않에 아빠는 더욱 화가 났고 보기가 안 타까워서 안 되겠다 그래 아빠 한테 빌지 않으니 대들보에 매달아야 했는데 이제

대들보에 매달면 이리 죽는구나 했는지 그때서야 잘못했
다며 빌었지요 두 항소 오집어 너무 같아서요
그러든 아들이 여덧살쯤 되었을때 누구를와 싸우면 맨날
얻어맞고 울고 들어오니 속이 상해서 그날도 모런일이 있어서
누구하고 싸우면 치료비를 물어주는 일이 있어라도 좀 말지 말고
다녀라고 화를 냈는데 30분도 채못되서 이웃집 또래 친구와
나무 막대 찰을 들고 칼싸움을 하다가 그애기 눈을 건더려서
피가 난다며 들어 왔는데 그애기 엄마하고 함께 병원으로
갔는데 울아나 무서운지 하늘이 노랗다는줄 느꼈읍요 다행히
눈은 괜찮고 열에상처만 냈어요 러는 그때 돼 말이 울마나 무서
운지 그 교륜이 제가 살아가는 동안 말을 신중히 해야 한다은 몰
가르쳐 주었어요 례혜를 자르로 살었으니가 아빠가 군인으로
져도 어른 할아버지 할머니 대가족에 자라서 말대꾸 한다는
금 모르고 살았는데 우리 아들이 내일곱살대 하는 날인데
누나가 무선 말을 하는데 순종하지 않았다고 이층에서 계단
으로 아들로 끌고 내려와서 청소하는 밀대 나무 막대 기로 아들을
엎어놓고 울마나 때리는지 아들 잡는지 알았으요 부모가 없어면
누나 말을 따라야 하는데 말 대답을 했다면서 그래 왼강 했어요
자기 중심이 완강했든 분이었어요 그러든 아들이 군대를 갔는데
교육책을 전공했으 횡송 교도소 교육경비대대로 배속 되었는데
면회를 갔더니 주방에서 닭고기를 사오면 닭 목을 쳐내는줄
너무 무섭다면서 그렇게 마음이 여려있어요 그러든 아들이
제대를 하고 졸업도 하고 결혼을 했는데 며누리를 친정
아버지가 제가 사업인가 할때 마지막으로 말할때 알던
분인데 러는 잘 몰라도 그분은 겉게 친정쪽을 잘아시는
분이서 혼담이 오오 갔는데 제 아들이면 괜 참겠다고
하시고 저오 그분의 따남이면 되겠다 했어 한번 만 나보오

20

그 자리에서 승낙했으요 그러든 아들이 손녀 손자를 낳고 그 손주들이 이 세상에 둘도 없는 효손 들이 에요 저는 참으로 운이 좋은 여자에요 평생을 남편 사랑받고 자식들 다 건강하고 손주들이 다 건강한데 우얼 더 바라 겠으요 막씨는 무난하게 살고 있으며 막내아들 손자는 우리 집에는 아무도 할줄 모르는 사업을 하오 있으요. 성격이 울마나 무난한지 한번은 사업자금을 빚 태줬으면 해서 할아버지에게 많은는 /시간을 설명을 하는데요 자금을 도와 달라는 말을 하지않고 우리가 지쳐서 울마나 필요하냐고 말을 하도록 하는 답변가 인가봐 그 외에는 성격이 좋아서 걱정하지 않아도 될것같아요 할아버지가 우리 진아 어릴적에 그때만 해도 애기 신발이 우리 제품은 가볍고 이쁜게 별로 없으나 호주여행을 갔는데 울마나 뻑 화점을 뒤졌는지 예쁜 신 발로 사고 핸드백을 사준게 지금도 그 핸드가방을 가지고 있어요 그렇게 자라서 대학생이 되드니 어느날 할아버지 영어공부를 하고 싶은데 교환학생으로 미국 보내줄수 있냐고 물어오는데 할아버지가 그래라 하 할아버지 돈이 있느냐는데 대답이 공부를 하겠다는데 집을 팔아서 라도 보내 주마고 약속을 하니 한달령도 지나 가드군요 그렇게 귀국해서 졸업하고 지금은 카타르 항공사에 승무원으로 일하고 있으요 모든것 을 다 잘해요 손자들 잔손이는 할아버지가 울마와 짝으로, 빚는자 할아버지를 꼭 닮았는자 할아버지의 감솨

거

울그대로예요. 그러든 우리 진아가 텍사인 기장님을 데리고 왔네요 고 쪽땐 우리 애기가 덩치 큰 남자를 데리고 왔는데 어찌나 이쁜지 다 좋게만 보이네요 그 옆에 작은 우리 진아는 얼마나 예쁘게 말도 잘하는지 감격 했는데 더 감격 서러운건 우리 손자가 얼마나 어였한지 놀랐어요 묻는말과 답을 얼마나 잘하는지 그 어려운 영어로 막힘없이 말을 하는데 감탄했으요 그렇게 지내고 나서 집에 혼자 있는데 딸 양편이 보고싶고 할아버지가 이 광경을 보았더라면 얼마나 즐거워 했을까? 하는 생각이 하루종일 눈물이 났어요. 오늘은 우리 진아가 머루비빔장조림을 해 가지고 왔네요 에미가 했거니 했는데 자기가 만들었다면서 할머니 먹으라고 주네요 그러니든 애기가 어엿한 성인이 되어 이렇게 나를 보호하는 보호자가 됐네요

- 저자 박순자 안젤라 여사 -
(2024년 2월, 경민대학교 유아교육과 졸업)

〈하늘과 대지의 경계〉 박순자, 2024, 수채화

박순자 안젤라 여사의 캘리그패피, 2025년 작품

관련 기관 방문

1. 대한민국 공군본부 (공군 인사 및 비행기록 확인)
    o 담당 분야 : 공군 복무 기록, 조종사 경력, 포상 이력 등
    o 관련 부서 : 인사참모부 / 공군기록관리실
    o https://www.airforce.mil.kr

2. 국방부 기록정보공개센터
    o 담당 분야: 군 복무 관련 정보, 군 공적 및 훈장 수여 기록 등
    o https://www.mnd.go.kr

3. 국방부 군사편찬연구소
    o 담당 분야 : 군사 인물사, 부대사, 항공작전사 관련 문헌
    o http://www.mhc.or.kr

4. 국가기록원 (행정안전부)
    o 대통령 전용기 운영기록, 정부 훈장 서훈 자료 등
    o https://www.archives.go.kr

5. 국립중앙도서관 / 국회도서관
    o 담당 분야 : 신문 자료, 공군·항공 관련 단행본, 회고록, 사보
    o https://www.nl.go.kr (국립중앙도서관)
    o https://www.nanet.go.kr (국회도서관)

6. 대한항공 인재개발원 / 홍보실 / 역사자료실
   o 대한항공 조종사 경력, 사내 포상, 비행기록 등
   o https://www.koreanair.com

7. 공군전우회 (Korean Air Force Veterans Association)
   o 공군 예비역 간 친목 도모, 권익 보호, 대표 단체 역할 수행
   o https://www.airforce.ne.kr

8. 공군참전유공자회 (Korean Air Force Veterans of War)
   o 활동내용: 6·25 전쟁 등 참전 조종사 추모 행사 및 지원 활동
   o https://www.airforce.ne.kr

9. 五三蒼友會 (비공식모임)
   o 조정간부 2기생 모임

참고자료

『공군 70년사』 - 공군본부 기획참모부, 2020

『대한민국 국방백서』 - 국방부, 2023

『한국군의 베트남전 참전사』 - 국방부 군사편찬연구소, 2014

『대한항공 50년사』 - 대한항공, 2019

『조중훈 회장 회고록 - 내가 걸어온 길』 - 대한항공, 1999

『한국항공 100년사』 - 교통부 항공국, 2002

『대한민국 공군의 이름으로』 - 이강화, 플래닛미디어, 2022

『하늘을 날다. : 대한민국 공군 최초의 제트기 조종사』 - 권성근, 프리이코노미라이프, 2021

『대한민국 공군의 위대한 비상』 - 김환기, 임상민, 플래닛미디어, 2023

위키백과. (2024). 대한항공의 역사. https://ko.wikipedia.org/wiki/대한항공의_역사

KBS·SBS·MBC·국방TV 다큐멘터리 → 공군 창설, 월남전 파병 등

Youtube - 공군전우회 공식 채널

신동아. (2024, 1월). 조중훈 회장의 수송보국 이야기.
https://shindonga.donga.com/article/all/13/5140666/1

매일경제. (2023, 5월 1일). 조중훈의 '사업은 예술이다'.
https://www.mk.co.kr/news/all/1684496

동아일보. (2019, 11월 29일). 대한항공 창립 50주년, e-북 무료 공개.
https://www.donga.com/news/Culture/article/all/20191129/98595232/2

chatGPT 5

글을 마치면서

박순자 안젤라 어머님께서 손 글씨로 정성껏 써 내려간 공책을 처음 받았을 때, 과연 어머님의 기억만으로 아버님의 삶을 온전히 담아낼 수 있을지 걱정이 앞섰다.

그러나 한 자 한 자 정독해 가며, 아버님의 생애가 지닌 윤곽이 점차 드러나기 시작했고, 머릿속에는 한 사람의 길고도 깊은 인생 여정이 조심스럽게 그려져 갔다.

나는 어머님 댁을 수시로 찾아뵙고, 아버님께서 남기신 사진과 군 복무 기록, 훈장, 포장, 표창장과 표창패들을 하나하나 사진으로 남기며, 아버님의 삶이 단지 한 개인의 기록이 아닌 대한민국 공군과 대한항공의 발자취 속에 빛나는 한 페이지였음을 실감했다.

그래서 국방부, 공군본부, 공군전우회, 대한항공 등을 찾아다니며 사실 확인에 들어갔다. 그 가운데 가장 의문스러웠던 점은, 조종간부 2기생으로서 수송기 조종에 탁월했던 아버님께서 왜 '재주도 없고, 급여도 적다'라는 이유로 장래가 보장된 공군 중령의 길을 접고 전역하셨는가 하는 것이었다.

그 해답을 찾기 위해 나는 대한항공의 창사 과정과 조중훈 회장의 회고록, 그리고 『대한항공 50년사』를 꼼꼼히 들여다보았다.

그 결과, 1969년 한진그룹이 대한항공을 인수하고 5개년 사업계획을 수립하여, 1971년 미주 노선 개척, 1972년 유럽 노선 확장, 1973년 보잉 747 도입 등 국제 경쟁력 강화를 본격적으로 추진한 시점이 아버님의 전역 시기와 정확히 맞물려 있었음을 알게 되었다.

그제야 비로소 깨달았다. 아버님은 '하늘을 나는 일'을 평생의 사명으로 여기셨고, 조국의 영공을 지키던 조종사로서 이제는 민간 항공의 새 지평을 열어야 할 때임을 직감하셨던 것이다.

먼 후일, 동기 조종사분들께서도 "그때 대한항공에 유능한 조종사가 많지 않았고, 세계로 나가려던 조 회장에게는 노 중령 같은 인물이 꼭 필요했다"라고 증언해 주셨다.

마침, 당시 VIP 전담 비행대대장이셨던 아버님은 내부에서 후배들의 압박을 받고 있었고, 대한항공은 이를 간파하고 적극적인 영입 작전에 나섰다는 이야기도 들을 수 있었다.

그 외에도 베트남전 참전 기록과 당시 촬영된 사진들, 생존 동기들의 증언을 바탕으로 아버님의 군 생활과 민간 항공인으로서의 삶을 조심스럽게 복원해 나갔다.

다만 한 가지 아쉬움이 남는다면, 이 책이 아버님 생전에 완성되었더라면 더욱 생생하고 정확한 회고가 가능했을 것이라는 점이다. 특히 화랑무공훈장을 수훈하셨을 당시의 구체적인 공적과 그때의 심정을 직접 들을 수 있었더라면 얼마나 좋았을까 하는 마음이 크다.

무엇보다도, 긴 시간 동안 손 글씨 원고를 건네주시고, 아버님과의 소중한 이야기를 끊임없이 들려주신 어머님이 계셨기에, 이 회고록을 끝까지 마무리할 수 있어서 행복했다.

또한, 내가 올여름 살인적인 더위 속에서 병원에 입원해 있을 때, 어머니께서 직접 곁을 지키며 피고름이 밴 거즈를 갈아주시던 그 따뜻한 손길 또한 결코 잊지 못할 은혜로 마음속에 깊이 남아 있다.

이 한 권의 회고록이 아버님의 하늘과 지상의 삶을 기리고, 후손들에게는 자랑스러운 기억의 단서가 되기를 간절히 소망한다.

끝으로, 아버님을 회상하며 캔버스에 유화로 표지와 일부 삽화를 정성스럽게 그려 주신 장녀 노현경 엘리사벳에게 고마움을 전하며, 다시 한번 진심 어린 감사의 마음을 어머님께 바친다.

노재성 기장님 3주기를 보내면서
김춘석 (마르코) 작가

김춘석 작가 약력

[주요 경력]
정보통신부 / 아남텔레콤 / KAIT / 한마음문화사 대표(현재)

[전공] 행정학 / 전자계산학 / 전자공학 / 교육학 / 국어국문학 / 문화교양학

[수상] 대통령 표창 2회, 총리 표창 1회, 장관 표창 9회

[저서]
- 행당동 고물할머니(2024.12)
- 새 사람(2023.12)
- 유영란 엘리사, 영혼의 벗(864쪽, 2023. 8)
- 낚시칼럼(2021.12)
- 레지오 마리애 우수 활동사례(2017. 9, 하계동성당)
- 사랑의 여행(2011. 3)
- 대물을 찾아서(2010. 1)
- 세상 좀 알고 삽시다(2003. 1, 공저서)

[펴낸 책]
- 영혼과 육신을 살리는 음식이야기 - 신앙의 식탁
  (214쪽, 2025, 5, 노봉수 교수 著)
- 경복궁와유(290쪽, 2024.12, 박동환 著)
- 암 투병을 위한 성경 묵상 365일
  (1,074쪽, 2024. 6, 김웅태 요셉 신부 著)

〈시간이 머무는 길〉 노현경, 2024, 캔버스 유화 15P, 작가 소장